ODETTE LAVALLÉE r.h.s.j.

Voyager vers l'Infini

La Plume d'Oie
ÉDITION

De la même auteure :
Traverser les obstacles d'un chemin difficile, La Plume
d'Oie Édition, 2004, 96 pages.
Ouvrir les yeux autrement, La Plume d'Oie Édition, 2004,
112 pages.

La Plume d'Oie Édition
Odette Lavallée
© Tous droits de reproduction réservés pour tous les pays.
ISBN : 2-923063-92-9
Dépôt légal – Bibliothèque nationale du Québec, 2005
Dépôt légal – Bibliothèque nationale du Canada, 2005
Photographie de la page couverture :
collection Rolande Dugas r.h.s.j., Val-Comeau, Nouveau-Brunswick.
Pour communiquer avec l'auteure : 819.357.8482 ou
par courriel : odettedl@ivic.qc.ca

Cette publication est dirigée par :

ÉDITION – CONCEPT

155, des Pionniers Ouest
Cap-Saint-Ignace (Québec) G0R 1H0
Téléphone et télécopieur : **418.246.3643**
Courriel : info@laplumedoie.com
Site Internet : www.laplumedoie.com

À mes accompagnateurs spirituels :

Yves, mon maître,
qui connaît maintenant le Mystère

Françoise, mon ermite,
qui n'a plus à vivre de foi

Jacques, mon témoin encore pèlerin

Remerciements

Au père René Champagne s.j., pour la révision de l'aspect théologique.

Les citations bibliques sont tirées de la *Bible de Jérusalem* (Édition du Cerf, 1956).

Dans le but d'alléger le texte,
les genres masculin et féminin
sont employés indifféremment.

Table des matières

Avant-propos

En prenant connaissance du témoignage de France, j'ai eu l'impression de découvrir le secret de sa joie : la compassion qu'elle a envers les malades et leur faiblesse. Son récit me fait penser à une spirale allant des soins à une descente vers la vraie destination humaine. Dans les malades qu'elle rencontre, elle voit ses propres guérisseurs qui la précèdent dans leur recherche commune vers la Source. Là, il n'y a plus de distance entre la professionnelle et le regard d'un malade.

Témoignage

Infirmière de profession, je me suis toujours sentie attirée par la dimension spirituelle de l'être humain, par cet espace en nous qui est mystère intangible et non saisissable.

C'est dans l'accompagnement des personnes à travers leur épreuve de maladie, de souffrance et de mort que j'active cette dimension si importante en moi. Je partage donc en toute simplicité mon expérience avec vous.

Au début, je fais la rencontre d'une personne souvent blessée, déstabilisée et encore sous le choc. J'appréhende parfois la façon de m'y prendre pour la rejoindre dans son intimité la plus profonde. Intuitivement, je me « connecte » à ma réalité intérieure ; je deviens alors une présence « écoutante », lui permettant de vivre ses étapes selon son rythme, afin qu'elle se sente accueillie et reconnue dans son unicité.

Il me suffit tout simplement d'être là, dans une attitude d'ouverture et de compassion, pour laisser cet être souffrant exister en moi et le recevoir dans mon cœur. Je suis fascinée de constater combien chacun possède un courage, une force et une richesse d'être.

Ma foi en ce potentiel est devenue la trame de fond de mon intervention.

Il s'agit pour moi d'aider le malade à se conscientiser face à ses ressources, de lui refléter ses richesses intérieures et de susciter, dans le plus grand respect, des réflexions lui permettant de mieux effectuer sa démarche intérieure.

Je l'aide à faire le point sur ses croyances, ses valeurs, sa compréhension et sa perception de lui-même, en lien avec sa maladie.

Je ressens alors une réceptivité hors du commun de sa part. Dans l'intensité de nos regards se révèle une soif de vérité et un besoin profond de comprendre le sens de son vécu actuel.

À mesure que le temps passe, je perçois chez le malade un cheminement certes difficile, mais en même temps combien libérateur ! Je deviens ainsi témoin respectueux de ce changement opéré au plus profond de son être.

Je découvre qu'au-delà du soin physique, il y a le regard de l'âme, celui de l'essentiel.

Je constate que la souffrance provient aussi des émotions refoulées, du non-dit et de l'impuissance à trouver un sens aux événements.

J'observe également que les peurs, les insatisfactions et les regrets accumulés, une fois partagés, lui procurent un véritable apaisement. Ce lien privilégié que j'entretiens avec le malade lui permet à la fois de mieux se découvrir et d'atténuer sa souffrance. Cette démarche l'incite aussi à mieux vivre son quotidien.

En effet, ses priorités ne sont plus les mêmes : ses relations deviennent plus significatives ou plus sélectives, les gestes banals prennent une tout autre importance et les mots n'ont plus la même portée. Il accorde une valeur précieuse au temps présent et aux attentions qu'on lui porte.

Curieusement, cette relation cœur à cœur avec le malade m'énergise à mon tour et me fait grandir dans mon propre cheminement spirituel. Cela me permet de me positionner avec l'autre dans un goût de vérité et de dépouillement.

Ce que je suis aujourd'hui, je le dois à mes grands maîtres qu'ont été les malades. J'ai appris que le volet spirituel des soins et de l'accompagnement dépend moins de mes connaissances que de la qualité de ce que je suis en train de devenir moi-même. Je me sens privilégiée de vivre de telles expériences et d'être au service des gens dans les moments les plus difficiles de leur vie. Je garde cette impression profonde de fouler un domaine sacré auprès de chacun des malades que j'accompagne.

C'est dans cette attitude d'ouverture du cœur et d'éveil que j'invite les lecteurs à comprendre et à réfléchir sur cette si importante et si grande dimension des soins.

France Houle, infirmière
Centre de santé et des services sociaux
Manicouagan, Baie-Comeau

Introduction

De la même façon que l'on espère recevoir des soins médicaux, des soins infirmiers ou des soins psychologiques, les soins spirituels font partie des besoins fondamentaux de toute personne humaine.

Mais comment peut-on en réclamer, si on ne sait pas ce que c'est ?

Un jour, j'accueillais un homme encore sur la civière de l'ambulance. Il me dit : « Je viens apprendre à mourir. » Apprendre à mourir ! Était-ce quelque chose que je pouvais lui enseigner ? Quelle était sa véritable demande ? Que cachaient ces mots ?

Nous nous étions minutieusement préparés à toutes les éventualités auxquelles nous pouvions être confrontés à Vallée des Roseaux, une maison de soins palliatifs, sauf celle de montrer à quelqu'un comment l'on meurt !

Ce jour-là, en accueillant ce malade, la tâche la plus gratifiante que je connaisse commençait pour nous. Nous avions le privilège sublime d'entrer en contact avec le niveau le plus profond de l'être humain, le plus vrai et le plus essentiel, surtout à cette dernière étape de vie.

Comme pour tous les autres malades, au moment d'établir son plan de soins, je lui demande s'il désire des soins spirituels. Il me dit : « Non, sauf si je peux voir un prêtre intelligent. » Je me rends à l'évêché, dont les bureaux se trouvent dans la maison voisine, et je demande si une personne de l'équipe peut répondre à cette requête. L'un d'entre eux est venu. Après la rencontre, il me dit : « Mais ce malade est mourant ! »

Cet homme itinérant (sans domicile fixe), qui avait jadis été un professionnel, avait une façon bien spéciale d'écouter : ses yeux devenaient fixes et tout son corps prenait une position rigide, qui faisait craindre son dernier moment arrivé ; ainsi il pouvait « entendre » sans devoir parler à son tour. Nous avions appris à respecter ce comportement qui se terminait invariablement dans la cuisine, pour manger un sandwich aux tomates et poser des questions existentielles à la cuisinière : « Crois-tu qu'il y a quelque chose de l'autre bord ? »

D'où venaient sa sérénité et sa joie ? Que signifiait ce sourire silencieux ? Sauf un ami, jamais personne ne venait lui rendre visite. Jusqu'à la fin, il ne nous a pas livré son mystère, mais il nous a appris comment traiter ce lieu secret du cœur profond.

Ce malade, venu pour « apprendre à mourir », fut ainsi notre maître à nous les soignants, y compris les bénévoles. Cependant, il a été assez déroutant, car il nous a enseigné, lui qui avait beaucoup voyagé, que voyager vers l'Infini se faisait toujours à notre propre façon, et peut-être d'une manière que nous ne pouvons pas prévoir pour l'autre. C'est ainsi qu'a commencé pour nous, dans le concret, l'art de soigner jusqu'au cœur.

Structure de la personnalité

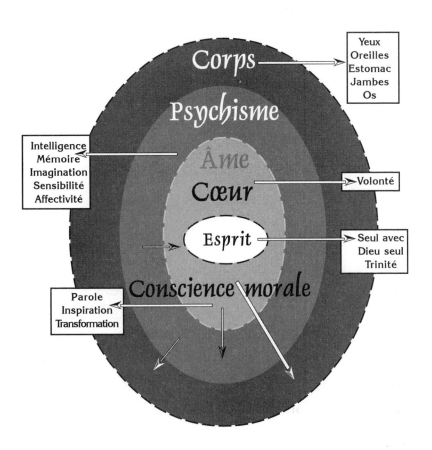

Corps → Yeux / Oreilles / Estomac / Jambes / Os

Psychisme

Intelligence / Mémoire / Imagination / Sensibilité / Affectivité

Âme

Cœur → Volonté

Esprit → Seul avec / Dieu seul / Trinité

Conscience morale

Parole / Inspiration / Transformation

CHAPITRE 1

Les soins spirituels

La structure de la personne humaine

*A*vant toute autre considération, il est important de bien connaître la structure de la personne humaine, commune à tous les humains.

C'est une structure à trois niveaux. Le schéma ci-contre illustre chacune des parties, avec leurs complémentarités qui en font un être unifié. À condition, bien sûr, que toutes les composantes fonctionnent en harmonie les unes avec les autres.

Ce que l'ovale extérieur illustre d'abord, c'est le corps. Nous pouvons très bien situer l'endroit où se trouve le cœur, l'estomac, les yeux, etc. Les jeunes enfants font cet exercice très tôt dans la vie : Où est ton nez, ta bouche ? leur demande-t-on. C'est ce corps qui permet, entre autres fonctions, la communication avec les autres.

Le deuxième ovale illustre le psychisme, notre dimension psychologique avec toutes les facultés situées dans le cerveau. Encore là, certains connaissent l'endroit où se situe par exemple la mémoire, le centre de la parole, les émotions, etc.

Vient le troisième niveau, le plus intérieur, celui que la plupart d'entre nous appellent *l'âme* et que l'anthropologie globale de la Bible appelle *cœur*. C'est « la source même de toute la personnalité consciente, intelligente et libre, le lieu des choix décisifs, et de l'action mystérieuse de Dieu », rencontre qui devient pleinement effective dans le cœur humain. (Xavier-Léon Dufour (dir.), *Vocabulaire de théologie biblique*, p. 175)

En fait, cet endroit n'est pas un endroit, mais bien ce qui anime l'être humain tout entier. Thérèse d'Avila, carmélite espagnole, une grande sainte du seizième siècle, a un jour demandé à Dieu de lui montrer une âme. Demande insolite, me direz-vous, mais le Seigneur l'a fait ; par la suite, son accompagnateur spirituel lui a demandé de mettre par écrit son expérience. L'expérience spirituelle n'est pas le plus souvent donnée pour la personne qui la vit, même si elle est la première à en bénéficier, mais pour les autres, l'Église, voire le monde entier.

C'est alors que Thérèse parle d'un *château avec sept demeures*, ayant des caractéristiques propres à chacune d'elles, qui marquent l'avancée vers toujours plus de liberté intérieure, de sainteté. Lorsqu'elle veut parler de la septième demeure, la plus profonde, elle la nomme le *Centre de l'âme* et elle écrit : « l'Esprit de l'âme est devenue une seule chose avec Dieu. » (Thérèse d'Avila, *Œuvres complètes*, p. 1036)

Par elle et par d'autres mystiques, nous savons qu'en cet endroit, qui encore une fois, n'est pas un endroit, mais que j'illustre ainsi pour comprendre la nature humaine, nous sommes seuls, tout à fait seuls avec Dieu. (*Ibid.*, p. 1028) Les anges, les démons, et à plus forte raison les autres, n'ont pas accès à cette dimension de notre personne.

Durant sa vie, saint Séraphim de Sarov, qui vivait en ermite dans une forêt de la Russie, avait la réputation d'être saint. On le surnommait le « transfiguré ». Beaucoup de gens venaient le voir pour être conseillés au sujet de leurs problèmes ou concernant leur vie spirituelle.

Tous cherchaient auprès de lui surtout la paix du cœur.

Le père Antoine, également moine, lui demanda un jour comment il arrivait à lire dans les cœurs sans connaître les personnes qui venaient vers lui.

Séraphim répondit :

Il ne faut pas parler ainsi. Le cœur humain n'est ouvert qu'à Dieu seul. Si l'homme s'approche, il voit combien le cœur de l'autre est profond. [...] Je me considère comme un pauvre serviteur de Dieu. La première pensée qui me vient, j'estime que c'est Dieu qui l'envoie, et je parle sans savoir ce qui se passe dans l'âme de mon interlocuteur, mais en croyant que c'est la volonté de Dieu et que c'est pour son bien. (Irina Goraïnoff, *Séraphim de Sarov*, p. 61)

Le mal n'a pas atteint cette dimension de nous-même. (Thérèse d'Avila, *op. cit.*, p. 895-896) Tous les mystiques affirment cette même réalité. C'est là que Dieu nous parle, nous inspire, nous transforme. C'est aussi là que se situe notre conscience morale. C'est le siège de notre volonté, c'est-à-dire ce que nous voulons et ce que nous ne voulons pas véritablement, notre vouloir profond.

Les personnes qui ne sont pas croyantes peuvent également s'approprier cette structure, sauf qu'au lieu de trouver au plus profond d'elles-mêmes Dieu, la Trinité, elles vont voir leur nature originelle, ce qu'elles nomment *l'éveil*, *l'illumination*, comme pour les bouddhistes, par exemple.

Enseignant cette structure à des prisonniers, je leur demande ce que cela leur fait d'apprendre une telle réalité. L'un d'eux me répond : « J'en suis bien content, la police ne viendra pas me chercher là. » Il avait compris en fonction de ses propres intérêts, comme nous le faisons tous d'ailleurs.

Quelle est l'utilité d'avoir ce schéma en mémoire ?

D'abord, pour comprendre son propre cheminement, il est utile de bien se situer dans ses aspirations, ses blocages à un niveau ou à un autre. Ce schéma sera surtout utile pour saisir à quel niveau (corporel, psychologique ou spirituel) se situe la requête de ceux et celles que nous accompagnons. Il y a un axiome chinois qui dit : « On ne part que d'où l'on est. » Lorsque je suis devant une fenêtre et que je veux me diriger vers la porte, il est facile de dire où je suis et où je m'en vais. Cependant, savoir où je suis psychologiquement et spirituellement parlant s'avère plus difficile à préciser. Il faut avoir des mots pour se dire. Pourtant, c'est essentiel de savoir où se situe la personne, pour pouvoir mieux l'accompagner. Autrement, il y a le risque d'adopter un langage et des observations qui ne cadrent pas avec son expérience.

> *Jeune infirmière, j'étais en service à l'urgence d'un hôpital. Je demandai à un malade d'aller uriner dans le récipient que je lui remis. Le préposé qui l'accompagnait me dit alors que l'homme n'avait pas compris le terme que j'avais employé. Ce dernier lui traduisit donc par le terme usuel de la société, et le malade de dire : « Si c'était ça qu'elle voulait, pourquoi ne me l'a-t-elle pas dit ? »*

Séraphim de Sarov, dont j'ai cité les paroles à propos du *Centre de l'âme*, avait aussi bien intégré ce principe, à savoir parler un langage que l'autre peut comprendre. Dans le récit de sa vie, on lit : « Sa patience était inépuisable. Il écoutait chacun avec attention et douceur. Mais il n'ouvrait pas également devant tous, les trésors de ses charismes. Il ne faut pas, disait-il, ouvrir sans nécessité, son cœur à d'autres. Entre mille il y en aura un seul, peut-être, capable d'entrer dans son mystère. Avec un homme psychique, il faut parler de choses humaines. Mais avec celui qui a l'intelligence ouverte au surnaturel, il faut parler de choses célestes. » (Irina Goraïnoff, *op. cit.*, p. 60)

Sainte Thérèse d'Avila avait la même opinion. Un jour, une dame curieuse de la voir demanda à la rencontrer. Thérèse, devinant ses intentions, ne parla que de choses superficielles, nous dirions « de la pluie et du beau temps ». La dame repartit en disant qu'elle n'avait rien de la sainte dont on parlait tant ! (Marcelle Auclair, *La vie de sainte Thérèse d'Avila*, p. 200)

La différence entre spiritualité et religion

Comme tout être humain a une âme tout être humain a aussi une spiritualité.

Pourquoi cela ?

Parce que la spiritualité est faite de nos valeurs.

Certains privilégieront l'amour, d'autres la justice, le partage ; d'autres encore choisiront l'honnêteté ou la liberté comme valeur suprême.

Ces quelques valeurs, données à titre d'exemples, donnent sens à la vie de la personne. Connaître le sens à sa vie devient particulièrement recherché et important lors de la maladie, des épreuves et de l'avancée en âge. C'est un phénomène universellement observé qu'autour de la soixantaine, chaque personne fait le bilan de sa vie d'une façon ou d'une autre.

Un jour, alors que je faisais un prélèvement sanguin à un malade, je constatai la présence de plusieurs jeunes hommes en visite dans sa chambre. Je demandai : « Est-ce à vous, tous ces beaux grands gars ? » Et le père, tout radieux, me nomma chacun de ses enfants en leur donnant une caractéristique propre. Un peu plus tard, il me dit : « Vous savez, quand vous m'avez demandé si c'était à moi tous ces garçons, j'ai revu toute ma vie, et j'ai pensé : ce n'est pas rien, ce que j'ai fait ! »

De plus, afin de donner pleinement sens à leur vie, une multitude de personnes à travers le monde ont besoin d'adhérer en plus à une religion, en la recevant le plus souvent de leurs parents.

> Donc tous les êtres humains ont une spiritualité, mais
> n'ont pas nécessairement tous une religion.

Nous pourrions visualiser cette réalité ainsi :

La spiritualité   **La religion**

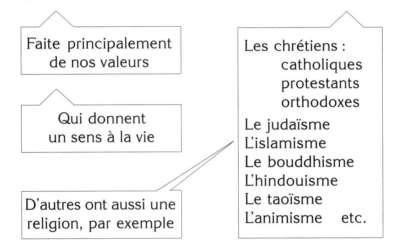

Faite principalement
de nos valeurs

Qui donnent
un sens à la vie

D'autres ont aussi une
religion, par exemple

Les chrétiens :
  catholiques
  protestants
  orthodoxes
Le judaïsme
L'islamisme
Le bouddhisme
L'hindouisme
Le taoïsme
L'animisme   etc.

Qu'est-ce que la spiritualité ?

On peut dire que la spiritualité, d'une certaine façon, c'est tout ce qui crée la vie, tout ce qui anime et rapproche les uns des autres. S'engager dans la spiritualité, c'est s'engager dans sa libération personnelle en s'intériorisant progressivement. C'est aussi réconcilier à l'intérieur de soi la source de toutes nos décisions. Cela fait que nous sommes uniques : il y a de multiples chemins dans la façon de vivre sa spiritualité.

Fondamentalement, la recherche de sens est une démarche spirituelle. La personne découvre ce qui la fait vivre, ce qui la motive, ce qui la dynamise à continuer sa route et à grandir. Mère Teresa n'a pas dû chercher longtemps pour trouver ce qui la motivait et donnait un sens à sa vie. Cependant, parfois ce sens est plus ténu, obscur chez certaines personnes très blessées.

Dans une maison qui recevait des sans-abri, il y avait là un jeune homme qui se disait violent. Il vivait le deuil de ses parents et en plus celui de sa conjointe qui, disait-il, trop découragée, s'était jetée devant un train. « Un jour que je la bousculais, dit-il, je saisis un couteau dans la cuisine et en venant pour la frapper, j'ai pensé : Qu'est-ce que tu fais là Simon ? Et j'ai appelé la police. »

Je réfléchissais en l'écoutant à ce que pouvait bien être son dynamisme intérieur, si petit soit-il, qui pouvait redonner un peu de sens à sa vie. Je lui dit alors : «Tu es intelligent toi Simon, tu as trouvé tout seul que tu avais besoin d'aide. »

Il est allé dire à son responsable : « Elle me trouve intelligent. »

D'incapable à demeurer assis pour en entendre le cours sur le deuil, il était devenu un par-

ticipant attentif, assis dans la première rangée et faisant signe de la tête qu'il comprenait tout. Il « opinait du bonnet », comme diraient les Français.

Cependant, lorsque survient la maladie, les valeurs changent parfois, et s'approfondissent presque toujours.

Qu'est-ce à dire ?

Les grandes théories sur la rentabilité et l'efficacité font peu à peu place aux aspirations au courage paisible, à l'espoir et à une recherche de transcendance, un au-delà, quel que soit le nom qu'on lui donne. Une étude aux États-Unis montre que ceux qui se disent athées cherchent un au-delà à l'approche de leur mort.

La prise de conscience que les malades font les amène à réfléchir sur leur finitude et sur le désir de continuité de la vie. Les questions qu'ils se posent concernent surtout leur immortalité et les croyances amassées tout au long de leur développement spirituel et religieux.

Le langage du malade se simplifie énormément.

Un malade en fin de vie me disait : « Je ne veux pas qu'on prie pour moi après ma mort. Si je suis chez le bon Dieu je n'en aurai pas besoin, et si je suis chez le diable non plus. »

Les zones ne sont pas très claires entre une demande concernant le domaine profane et une du domaine religieux ou spirituel. Mais lorsque vous n'êtes ni le médecin, ni les soignants du malade et que ce dernier demande : « Est-ce que je vais mourir ? », il est à peu près certain qu'il désire entrer en dialogue sur le plan spirituel.

Par où commencer cette quête de sens ?

Peut-être en se familiarisant avec l'orientation ultime à donner à sa vie.

Destinés à connaître l'amour en plénitude

Le malade qui sent sa vie lui échapper se demande souvent à haute voix : « Qui suis-je ? Où vais-je ? »

Ce n'est plus le temps de lui faire de grands discours, d'ailleurs ce n'est jamais approprié. Il ne faut surtout pas essayer de le « convertir », c'est-à-dire de le faire adhérer à d'autres croyances.

C'est un véritable problème que de voir des zélés, le plus souvent appartenant à des sectes, essayer de gagner à leur doctrine des personnes vulnérables par leur état de maladie, et le plus souvent en fin de vie. Je n'exclus pas certains catholiques férus de convictions rigides, figées dans des croyances religieuses personnelles dépassées, et ignorant tout de l'évolution en ce domaine, comme dans toutes les autres sphères des sciences humaines.

Visitant un malade qui savait sa mort toute proche, je le trouve en larmes. J'essaie d'en connaître la raison. Est-il souffrant ? A-t-il eu une mauvaise nouvelle concernant sa famille ? Quelqu'un lui a-t-il fait de la peine ? Sa réponse fut surprenante. Une personne était venue lui dire qu'il n'était pas digne de communier (recevoir l'eucharistie), lui qui en avait un si grand désir. Je découvre qu'un jeune homme faisant partie d'une secte, et qui portait presque toujours un t-shirt noir sur un gilet à col blanc, dont la mère était l'une de nos malades, était le responsable de la désolation de ce monsieur. Ce dernier l'avait identifié comme étant un prêtre, à cause de sa tenue vestimentaire.

J'eus une « petite conversation » avec ce jeune homme qui me dit : « Vous savez, il faut être pur pour communier. » Je pense qu'après cette rencontre, il était peut-être tenté de me classer dans la même catégorie que ce malade auquel il s'était adressé ! Par la suite, il nous a fallu beaucoup de tact et de tendresse pour redonner la paix du cœur à ce mourant.

Cependant, le malade qui parle de ses interrogations face à son devenir s'attend au moins à une parcelle de réponse.

Une manière d'approcher le plus près possible de son questionnement se fait parfois par la métaphore, l'allégorie ou la parabole.

Pourquoi ?

Parce que le conte, c'est nous-même, écrivent Brasey et Debailleul :

> Ce qu'il met en scène, ce sont des aspects essentiels de notre être profond. Il nous invite à nous reconnaître mieux afin de découvrir les ressources cachées qui sommeillent dans notre cœur. [...] La métaphore, échappant à la logique du langage « intellectuel » s'adresse à la fois au conscient et à l'inconscient. (Feu et lumière, janvier 2001, p. 53-54)

Le conte n'est pas seulement fait pour endormir les enfants, « mais pour éveiller les humains à la conscience d'eux-mêmes » disent encore Brasey et Debailleul.

Imaginons-nous maintenant présents dans la chambre du malade auquel je tente de répondre.

Il était une fois, ainsi commencent tous les contes, un homme qui avait une petite ferme, dont des poules. Un jour, alors qu'il se promenait en forêt, il aperçut un gros œuf de couleur foncée sur le sol. Regardant autour de lui, il ne vit aucun nid d'oiseau. À tout hasard, il apporta l'œuf pour le faire couver par une de ses poules. Lorsque ses poussins furent éclos, un petit aigle était au milieu d'eux. Il se dit qu'il le nourrirait de grain et qu'il verrait bien...

L'aiglon, ne se sentant pas à l'aise avec les poussins, dit à l'un d'eux : « On dirait que je ne suis pas comme vous ! Je me sens différent. » Le poulet répondit : « Un poulet, c'est un poulet ! »

L'aiglon resta pensif et il continua sa vie de « poulet ».

Mais un jour, il aperçut dans le ciel un bel aigle qui planait, ses ailes déployées. « Je sens que je pourrais voler comme ça » se dit-il, tout excité. Il s'exerça à voler jusqu'au moment de partir pour... **être lui-même,** selon sa nature, son espèce.

Abraham, un personnage de la Bible, partit pour la même raison : « **Va vers toi-même,** sors de ton pays, de tes origines, de la maison de ton père, vers le pays que je te ferai voir. » (Gn 12,1 traduction de Marie Balmary)

Yves Girard, moine cistercien, dans *Lève-toi, resplendis !,* s'exprime dans le même sens :

Pierre, Abraham et tant d'autres ont reçu, à un moment de leur vie, un nouveau nom où leur était révélé le meilleur de leur être. [...] En fait, ils avaient bien pressenti un appel mystérieux à quelque vocation, mais la voix avait été jusque-là trop lointaine pour qu'ils fussent en mesure d'y répondre et d'être ainsi conduits jusqu'au bout d'eux-mêmes. Un événement marquant est venu les acculer à « conscientiser » leur être intérieur : ils se sont levés ; ils sont partis ; ils sont devenus eux-mêmes. (p. 150)

Et nous, quelle est notre véritable nature ?

Saint Augustin nous le laisse entrevoir lorsqu'il écrit : « Tu nous as faits pour toi Seigneur, et notre cœur est sans repos jusqu'à ce qu'il se repose en toi. » (Saint Augustin, *Confessions*, p. 19)

En quoi cette affirmation a-t-elle une conséquence sur notre propre vie ? En quoi se rapproche-t-elle de la métaphore de l'aiglon ?

Tout notre être aspire au bonheur, chaque être humain désire aimer et être aimé, il désire accueillir et donner. « Cette soif infinie provient de l'image en laquelle Dieu nous a façonnés. Il a fait de chacun de nous un **être d'amour**, car Dieu est Amour. » (1 Jn 4,8) (*Le Chemin*, hiver 1996, p. 60)

Donc je ne serai pas parfaitement heureux tant que je ne connaîtrai pas totalement l'amour que Dieu a pour moi.

En naissant, le bébé est disposé à accueillir tout l'amour que ses parents voudront bien lui donner.

Mais il se trouve que même avec les meilleurs parents, aucun d'eux ne peut lui donner l'Amour en plénitude, pour la simple raison qu'ils ne l'ont pas eux-mêmes !

Un peu comme cet homme,
qui disait à sa femme :

« Je ne peux pas être tout à toi,
je ne suis pas tout à moi. »

Il se trouve donc que nous naissons tous avec un manque, une blessure, une souffrance, parce que nous aspirons de tout notre être, de par notre nature, à être parfaitement, entièrement heureux, et que nous ne le sommes pas. Cette blessure initiale nous fait aspirer toute notre vie à cet état de bonheur total auquel nous sommes destinés.

Comme nous prenons un chemin de fermeture, contraire à l'accueil de l'amour en nous refermant pour ne pas souffrir, nous développons ce qu'on appelle nos blessures, que nous nommons aussi nos défauts, nos limites, nos brisures du cœur ou nos péchés. Ce n'est pas l'événement qui me blesse, mais bien la charge émotionnelle dont il est porteur. Selon les circonstances et les événements, ces comportements prennent le visage de la colère, de la haine, de la jalousie, de la rancune, de la tristesse, de la possessivité et que sais-je encore ?

Cette réalité pourrait être illustrée ainsi :

Dieu est Amour
J'aspire à l'amour infini
Mes parents ne peuvent pas me le donner
D'où un manque
Donc une souffrance

Devant la souffrance, pour me protéger :
    je me referme
    je doute
    je me méfie
    je fuis ou j'attaque

Ce qui fait que je développe soit de :
    la rancune
    la haine
    l'anxiété
    la jalousie
    la tristesse
    la possessivité... etc.

Que faire ?
Revenir à l'accueil de l'amour

Comme ce sont des blessures psychospirituelles, nous avons besoin de guérison jusqu'au *Centre de l'âme*.

C'est le regard bienveillant du Seigneur qui est thérapeutique, qui peut guérir jusqu'en ces profondeurs. Je pourrai savoir si je suis guéri lorsqu'il n'y aura plus d'émotions surgissant en moi lorsque j'évoquerai cet événement de ma vie. Il fera alors partie de mon histoire. Ce regard n'accuse personne, il est toujours bienveillant, nous fait confiance et intervient toujours en notre faveur. Le Seigneur ne juge et n'accuse personne puisqu'il est venu pour nous sauver. Ce qui signifie nous guérir. (Jn 12,47)

Celui qui accuse et juge dans la Bible c'est le Malin, l'esprit du Mal connu par tous, sous l'appellation du Diable. (Ap 12,10) Parfois, c'est moi qui m'accuse, me juge et juge les autres.

**Comment faire alors
pour rencontrer ce regard,
si c'est ce regard qui me guérit ?**

De quatre manières principales

✦ *Ce regard peut me rejoindre directement*

Dans la prière ou durant une occupation quelconque.

Je suis soudainement envahi par une paix et une joie qui ne viennent d'aucune cause apparente.

✦ *Peut se manifester aussi par la qualité d'écoute d'une personne*

> Je me sens si bien écouté, comme si j'étais seul au monde et que la personne qui m'écoute semble avoir tout son temps. Cet accueil sans jugement ni reproche reflète pour moi ce regard bienveillant du Seigneur qui me guérit.

✦ *Parfois le Seigneur se sert d'un intermédiaire*

> Comme un volume, une phrase entendue qui ne nous est pas nécessairement destinée, une musique, un événement, la nature, une rencontre.

> *Une personne, en sérieuse difficulté d'orientation de vie, décide de partir au loin pour y voir plus clair. Un soir, plus désespérée que jamais, elle s'arrête sur un pont et appuyée sur le garde-fou, la tête dans les mains, elle cherche un peu de lumière.*

> *Voilà qu'elle aperçoit, gravés dans le métal, deux petits mots : Je t'aime.*

> *Cela m'a fait de l'effet, dit-elle, comme si ces mots m'étaient personnellement adressés. Du coup, mon trouble a disparu.*

Quelqu'un d'autre au même endroit aurait pu rester complètement indifférent ou penser : Ah, ces amoureux !

+ *En Église, dans un groupe, à travers une équipe, dans une communauté*

L'écoute et l'accueil bienveillants font parfois des prodiges dans un groupe, pour quelqu'un de souffrant. La force du groupe est très puissante pour quelqu'un qui révèle sa peine. J'ai expérimenté cela plus d'une fois à l'intérieur d'un groupe.

Lors d'un cours, nous étions à visionner et à commenter une vidéo. Une séquence montrait une femme témoignant de son incapacité à pardonner à sa jeune sœur, qui avait été la maîtresse de son mari à son insu pendant des années.

Tout à coup, une participante tout au fond de la pièce prit la parole en sanglotant, et raconta son histoire similaire à celle de la vidéo. Nous l'avons écoutée un long moment. Lorsqu'elle termina son récit, elle était redevenue calme et ne pleurait plus. Je lui demandai : « Est-ce que tu as senti les autres participants te juger, t'accuser ? » Elle répondit : « Au contraire, j'ai senti beaucoup d'empathie. » « Et vous, dis-je à la salle, avez-vous pensé à quelque chose comme : Pourquoi a-t-elle enduré ça ? Il faut être masochiste ! et peut-être à d'autres réflexions du même calibre ? » Ce fut un grand NON qui retentit. Je leur fis alors prendre conscience que c'était justement leur attitude bienveillante que j'avais observée, faite de compassion et de tendresse, qui venait de guérir cette femme.

Elle avait dit durant son témoignage qu'elle s'était inscrite à une session qui lui coûterait 200 $ pour trouver la paix intérieure. Elle constatait maintenant qu'il n'était plus nécessaire qu'elle y participe. Comme je sentais une certaine tension dans le groupe, j'ajoutai : « Tu as déboursé 30 $ pour venir ici ; alors si je comprends bien, tu es en dette de 170 $. »

La salle éclata de rire et nous avons pu passer à autre chose.

La guérison se situe « à la fine pointe de l'âme où s'exprime la vie spirituelle, soit le niveau du choix, de la liberté et de la volonté ». (Bernard Dubois, *Le Chemin, loc. cit.*, p. 70)

Quel est ce choix ?

Quelle est cette liberté ?

Quel est ce vouloir ?

Se laisser aimer

par Dieu

inconditionnellement !

CHAPITRE 2

Le diagnostic spirituel

L'accompagnement spirituel

$\mathcal{D}$ans l'introduction, il est mentionné que c'est « un art » que d'accompagner ; dans *Le Petit Robert*, on traduit « l'art » comme étant une adresse, une habileté et un savoir-faire. C'est dire que l'accompagnement spirituel s'apprend avant tout par la pratique.

C'est l'art d'interpréter la Parole que Dieu m'adresse personnellement à tel moment de ma vie, ou d'aider l'autre à le faire pour sa propre expérience. La formation à ce service est capitale et l'expérience requise est surtout d'avoir vécu soi-même des expériences spirituelles significatives, soumises au discernement d'une personne sage. En somme, être en cheminement vers toujours plus de liberté intérieure.

Cet « art » nous fera aussi discerner si le malade désire des soins spirituels, s'il veut nous parler ou se taire sur ses regrets, sur ce qui l'angoisse ou lui apporte la paix. Il n'est pas rare que les membres de la famille du malade veuillent aussi trouver la possibilité d'un secours spirituel auprès de l'équipe soignante.

Le but essentiel de l'accompagnement spirituel est donc, selon Thomas Merton, « de pénétrer sous la surface de l'existence, au-delà de la façade des gestes et des attitudes conventionnels qu'elle montre au monde, pour mettre en évidence sa liberté spirituelle, sa vérité profonde ». (*Direction spirituelle et méditation*, p. 19)

Ce sera une démarche bienfaisante si elle est toujours caractérisée par le respect de la liberté de chacun.

Charles Péguy écrit :

« Toutes les soumissions d'esclaves du monde ne valent pas un beau regard d'homme libre.

Je n'ai pas trop de ma sagesse pour apprendre à l'homme la liberté, dit Dieu. »

À l'occasion de sa rencontre avec Jean-Paul II, le grand rabbin ashkénaze Yisrael Lau a raconté une histoire étonnante que personne ne connaissait.

Pendant la Seconde Guerre mondiale, un couple de Juifs polonais déporté dans un camp de concentration réussit à sauver son enfant en le confiant à un couple chrétien de Cracovie. Lorsqu'on apprit que les parents étaient morts au camp de concentration d'Auschwitz, le couple chrétien adopta légalement l'enfant, qui avait alors huit ans.

La mère adoptive s'en alla demander à un prêtre de baptiser le bambin. Surpris de l'âge du garçon, le prêtre posa des questions et la dame lui expliqua toute l'histoire. « Connaissez-vous les dernières volontés des parents ? », s'enquit le prêtre. « Oui, la maman a dit : " Si nous ne revenons pas, rappelez-lui qu'il est Juif et qu'il doit faire tout son possible pour aller en terre d'Israël. " » « Dans ce cas, dit le jeune prêtre, je ne puis baptiser cet enfant. Vous devez respecter la volonté des parents. »

Le grand rabbin Lau termine son récit en disant : « Cet enfant de huit ans, c'était moi, et le jeune prêtre polonais s'appelait Karol Wojyla, aujourd'hui le pape Jean-Paul II. » (*La Terre Sainte*, mai-juin 1994, p. 162)

Saint Jean de la Croix, un Espagnol qui a été proclamé « docteur mystique », c'est-à-dire le maître qui enseigne les secrets de l'union à Dieu, s'y connaissait en spiritualité ! Il écrit que « beaucoup de maîtres spirituels font un tort considérable à beaucoup d'âmes » (*Œuvres spirituelles*, La vie flamme d'amour, p. 994) et pourtant, il écrit aussi sur l'importance de l'accompagnement spirituel.

J'illustre par un exemple ce qu'il voulait sans doute dire par « tort considérable ».

Une femme, qui était bien consciente de sa mort prochaine, était sincèrement désireuse de voir son Seigneur, si j'en juge par le tourment intérieur qu'elle ressentait face à l'impossibilité de pardonner à ses fils.

Elle confia son inquiétude à une personne qui se disait conseiller spirituel, et qui lui déclara qu'étant donné qu'elle était incapable de pardonner, il fallait qu'elle compense « cette faute » en tolérant ses douleurs physiques, qui étaient très vives, sans analgésiques afin de mériter le ciel.

Tout son entourage essayait de la persuader que cette façon d'être était injustifiée et parfaitement fausse. Mais peine perdue, elle persistait dans sa décision.

Les autres malades qui l'entendaient gémir et pleurer de douleur étaient devenus terriblement anxieux, se demandant si c'était la façon de mourir et si bientôt ce serait leur tour.

À bout d'arguments, je lui dis : « Nous vous avons expliqué à maintes reprises les raisons de notre désaccord avec vos croyances envers Dieu. Cependant, je respecte votre attitude. Mais il se trouve qu'il y a ici d'autres malades dont nous sommes aussi responsables et que nous voudrions bien voir mourir sereinement

*et en paix. Vos cris et vos plaintes font en
sorte qu'ils croient que c'est la façon
obligatoire de finir leur vie. Nous sommes
désolés, mais il vous faudra choisir un autre
endroit pour vivre cette période de votre vie.*

*Cette prise de position lui fit l'effet d'une
véritable « cardio-version », cette manœuvre
technique pratiquée pour régulariser le cœur
lorsqu'il n'est plus fonctionnel.*

*Elle préférait continuer à recevoir nos soins,
et elle accepta la médication nécessaire à son
état de souffrance.*

Nous avons des balises, sortes de repères sur
lesquels nous pouvons nous fier pour guider notre
conduite spirituelle, et nous empêcher de tomber
dans de telles erreurs.

Il y a entre autres signes deux signes certains,
par lesquels nous pouvons reconnaître que ce qui
nous est adressé vient de l'action divine et nous
convient.

Premier signe :

La paix intérieure

Toute personne quelque peu attentive à sa vie
spirituelle doit connaître ce signe. Parmi les signes
de l'action divine, la paix intérieure est un des plus
évidents.

En fait, c'est la signature de Dieu. **Ce qui trouble et fait peur ne vient ordinairement pas du Seigneur** ; ce qui perturbe peut avoir une cause psychologique quelconque ou venir d'une conscience morale mal ajustée à la réalité, et bien d'autres raisons plus complexes.

Une personne me disait qu'elle avait des visions de la Sainte Vierge ; je lui demandai comment elle se sentait à ce moment-là. Sa réponse fut une longue énumération de peurs de toutes sortes.

Nous avons changé de sujet.

Cette paix n'est pas simplement une tranquillité intérieure ; c'est la manifestation dans tout l'être de la certitude de l'accord total avec Dieu ou avec soi au plus profond de nous-même.

Par le schéma de la personne humaine que nous avons vu au tout début du premier chapitre, il est certain qu'au premier niveau, celui du corps, si j'ai un mal de dents, je vais le ressentir dans mon corps et probablement que j'aurai aussi un retentissement sur le plan de la sensibilité. Au niveau psychique, si je vis de la colère, je vais la ressentir au niveau psychologique et aussi au niveau physiologique, corporel : rougeurs, pouls plus rapide, etc.

Au niveau de l'âme, le *Centre de l'âme* n'est pas du domaine sensible, sauf que je ressens **les effets** de ce qui s'y passe. C'est ainsi que je peux affirmer que la paix intérieure que je vis est le signe que je suis sur la voie du bon choix pour moi et également dans la direction de la liberté intérieure.

Deuxième signe :

La joie

C'est une joie qui découle de la paix intérieure, mais c'est un sentiment plus prononcé de bonheur, d'allégresse, d'action de grâces.

Elle peut très bien être perçue dans l'épreuve et cohabiter avec des décisions douloureuses, mais en fidélité avec la conscience morale.

Nous pourrions nous habituer à fonctionner au niveau de nos appels profonds en nous arrêtant de temps en temps pour nous demander :

> *Quels sont pour moi les signes*
> *que j'ai pris une bonne décision ?*

L'expérience de la vie spirituelle pourrait suivre la trajectoire suivante :

1. Le Seigneur prend toujours l'initiative, nous n'avons qu'à le regarder agir avec la Samaritaine, avec Zachée, dans l'Évangile de Jean, 4,7ss et celui

de Luc, 19,5ss. C'est lui qui se révèle à moi en autant qu'il me trouve disponible et à l'écoute. « Ouvrir les rideaux ne fait pas lever le soleil » ; il était là, mais j'étais empêché de le voir.

2. Et il attend ma réponse...

3. Si je ne prête pas attention à ce qui m'arrive parce que mon regard n'est pas tourné vers l'intérieur, ou si je résiste par exemple à une inspiration nouvelle, il ne se passera rien, c'est tout.

4. Si c'est le contraire qui arrive, si je porte attention et examine ce qui m'habite, il se peut fort bien que cette nouvelle prise de conscience me donne un nouveau regard sur moi-même, sur ceux et celles qui m'entourent, sur l'univers et Dieu.

5. C'est ce qu'on appelle la « grâce », dans le sens de prendre conscience d'un appel qui pourrait m'interpeller, me faire grandir et me transformer.

Alors que je disais à un accompagnateur spirituel, que je rendais « grâce » au Seigneur pour avoir toujours mis quelqu'un sur ma route au moment où j'en avais besoin, il me répondit que là n'était pas ma « grâce ». Ma « grâce » était celle d'avoir eu le courage de demander l'aide de ces personnes. « On peut mourir de faim avec le boulanger à sa porte » conclut-il.

6. Et ça recommence tout au long de ma vie à travers les événements vécus, les personnes que je rencontre, les livres que je lis, etc. Dieu intervient le premier, il attend ma réponse, il ne peut rien sans mon consentement, et ça continue... C'est le cheminement spirituel.

La souffrance dans nos vies

Il est quasi impossible de progresser dans un cheminement spirituel si nous croyons que c'est Dieu qui nous envoie nos épreuves et qui est responsable de nos souffrances.

Je pars de la constatation que tous les êtres humains sont voués à la souffrance, à la finitude et à la mort.

Je pars aussi de l'affirmation que la souffrance est un mal, un scandale qu'il faut par tous les moyens à notre disposition prévenir, soulager et supprimer le plus possible.

La souffrance nous surprend toujours lorsqu'elle nous arrive personnellement ; pourtant, nous la côtoyons tous les jours.

Nous sommes en droit de nous demander comment il se fait qu'après tant de découvertes prodigieuses et l'avancée des techniques, les humains soient si impuissants à briser ce cercle infernal du mal et de la souffrance, qui revient sans cesse à toutes les époques ? Nous semblons ne pas avoir appris des souffrances qu'ont amenées les guerres, les persécutions et les tortures.

Comment se fait-il qu'il y ait tant d'injustice et que les « bons » semblent parfois plus souffrir que les « méchants » ?

Pourquoi les enfants, qui n'ont rien fait de mal, souffrent-ils aussi ?

Et Dieu pendant ce temps-là ?

Les pourquoi sans réponse finissent inévitablement par un soupçon ou carrément par une accusation envers Dieu. S'il est tout-puissant, comment se fait-il qu'il ne semble rien faire pour arrêter ces calamités, ces désastres et ces catastrophes ?

C'est que la toute-puissance de Dieu n'a rien à voir avec celle que nous imaginons spontanément. C'est la toute-puissance de l'Amour, et nous ne pouvons l'imaginer que par référence à l'amour humain, inévitablement limité.

Ce que Dieu a donné de plus précieux et de plus total à l'humain en le créant est **la liberté**. Lorsque Dieu donne, il donne réellement et complètement.

Alors il ne vient pas intervenir à tout instant pour corriger les choix des hommes et des femmes, parce que les décisions les mènent à plus ou moins long terme vers les problèmes et le trouble !

L'être humain naît avec des capacités de toutes sortes, des talents, des dons, et s'oriente dans la vie selon ses propres capacités.

Prenons à titre d'exemple quelqu'un qui s'oriente vers la médecine pour soulager les gens de toutes sortes de maladies. Son idéal est noble et cette personne fera beaucoup d'efforts et de sacrifices, et elle mettra du temps afin de réaliser cette profession.

Supposons qu'après bien des années, elle se retrouve comme étant l'un des médecins qui réaniment les gens que l'on torture pour pouvoir les torturer plus longtemps... Ça existe. Au Chili par exemple, pour ne nommer que ce pays.

Ce médecin pouvait choisir de :

1. employer ses talents pour diminuer la souffrance de l'humanité ou

2. employer ses talents pour faire souffrir davantage l'humanité.

> **Pour une part, c'est sa liberté de faire des choix qui a causé le mal et la souffrance.**

Nous reconnaissons bien cette capacité aussi à l'intérieur de nous, à faire et à vouloir le mal.

Bien sûr, nous n'allons pas jusqu'à l'exemple que je viens de citer, du moins pour les personnes qui liront ce livre. Mais il reste que nous sommes participants au quotidien à changer pour le mieux ou pour le pire notre vie et celle des autres.

Marcel Driot, dans son livre intitulé *Devenir prière*, raconte qu'avant de devenir ermite, il travaillait dans une quincaillerie. Un jour, une bohémienne vient pour lui vendre sa dentelle. Comme son tissu était pas mal défraîchi et qu'il n'en avait pas besoin, elle repartit bredouille. Il revoit maintenant cet événement dans la solitude silencieuse de son ermitage et il écrit ceci :

> *Je n'avais pas besoin d'acheter cette dentelle, mais cette femme avait besoin de la vendre. Je lui ai volé son bonheur [...] Ma réponse fut comme un pinceau qui peignit la tristesse sur son visage. [...] Si j'avais acheté cette dentelle, j'aurais aussi admiré le travail de cette femme qui serait repartie avec un billet dans la poche et un rayon de soleil dans le cœur. [...] L'argent que j'ai économisé ce jour-là, où est-il ?* (p. 166-167)

> *En visitant une maison du Brésil, construite pour venir en aide aux « sans terre », il y avait là un jeune homme qui faisait de la dentelle au crochet. Il me dit : « Voulez-vous acheter ma*

dentelle ? » Il avait une grande pièce blanche et un centre de table rouge, plus petit. L'expérience de l'ermite me revint. Comme j'étais absorbée dans cette pensée, lui, attendant ma réponse, renouvela sa demande. « Oui, oui, dis-je, je choisis la pièce rouge. » Un grand sourire est apparu sur son visage. En sortant, Hélène, qui m'accompagnait et me servait d'interprète, me dit : « Tu sais, tu n'étais pas obligée d'acheter sa dentelle, il insiste trop. » Je repris : « Viens, je vais te dire pourquoi je l'ai achetée ! »

C'est un fait, le mal est au-dedans de nous, mais le pourquoi il s'y trouve nous échappe.

Une deuxième raison à la souffrance, c'est la structure même de la personne humaine telle qu'elle nous apparaît : limitée et faillible. C'est dire que sans malice, nous pouvons contribuer à la souffrance des autres. Par exemple, une opération chirurgicale qui ne réussit pas, un cancer intraitable, etc.

Imagineriez-vous Dieu promenant son regard sur l'humanité en se demandant qui il ferait bien souffrir aujourd'hui ?

Cela nous fait sourire, tant c'est naïf de le penser !

Alors que dire à ceux et à celles qui en veulent à Dieu d'avoir fait mourir leur conjoint ou leur conjointe ?

D'avoir fait attraper la méningite à leur petit-fils, qui est toujours dans le coma ?

Dans une émission à la télévision la semaine dernière, un animateur faisait une entrevue sur le tsunami, avec une journaliste qui arrivait de l'Asie du Sud. Après qu'elle eût parlé de l'horreur observée, il lui a demandé : « Vous croyez encore en Dieu après avoir vu toute cette misère ? »

Sans que nous le conscientisions vraiment, beaucoup d'entre nous ont encore des façons de voir la souffrance, qui date de plus de... deux mille ans. En effet, Jésus est venu il y a plus de deux mille ans transformer ces manières de concevoir la souffrance.

Comment a-t-il fait ?

> Il nous a révélé Dieu, son Père.
> Il nous l'a fait connaître à travers lui.

Pourtant, en constatant la façon dont bon nombre de personnes conçoivent Dieu et son comportement à notre égard, nous serions en droit de penser qu'il a manqué son coup « pas à peu près » pour parler le langage contemporain.

Nous reconnaissons cette image de Dieu, présente dans nos croyances, à trois façons de considérer le mal et la souffrance :

1. La souffrance est un châtiment, une punition

Si nous avons encore cette idée dans notre relation à Dieu, nous serons de ceux qui disent, devant une épreuve quelconque : « Qu'est-ce que j'ai fait au bon Dieu ? » ou « Je suis trop heureux, cela ne peut durer ! »

2. La souffrance est une tactique, un moyen pédagogique

Dieu m'enverrait la souffrance pour m'amener à changer de vie, me convertir. Si c'est encore ma croyance, je dirai, surtout aux autres : c'est dans la souffrance qu'on grandit. Quand il ou elle aura assez souffert...

Cependant, nous ne pouvons pas éliminer non plus que certaines épreuves nous sont salutaires et nous amènent à réviser notre façon de vivre.

3. Une grâce (faveur) de Dieu

À première vue, cette conception de la souffrance peut paraître plus noble, mais elle n'en est pas moins subtilement antiévangélique.

Nous pouvons reconnaître cette croyance par des énoncés comme :

Plus Dieu aime, plus il fait souffrir. Plus j'aime, plus je dois souffrir. C'est une grâce que Dieu accorde à ses privilégiés. Ma mère doit avoir une bien belle place au ciel, elle a tellement souffert !

Si cette femme a « une belle place », ce ne sera pas à la mesure de ses souffrances, mais bien par son attitude intérieure par rapport à ses souffrances.

Autrement, nous aurions une spiritualité ou une religion masochiste. Et que dire de ceux et celles qui ont eu une vie à l'abri de trop grandes souffrances ? Il faudrait se faire souffrir pour obtenir « une belle place » ?

Notre obligation par rapport à la souffrance, c'est de l'enlever de notre vie le plus possible, par tous les moyens à notre disposition. Si je suis malade, je cherche à guérir. Si je suis dans une impasse, je cherche la solution qui peut m'en délivrer, etc.

La vie m'apportera son lot de peines sur lesquelles je n'aurai aucun pouvoir : le vieillissement, la maladie incurable, les épreuves de biens matériels, les incompréhensions de toutes sortes, les deuils inévitables, etc. Ce seront des lieux pour donner un sens à ma souffrance, alors que je serai devenu incapable de les faire disparaître de ma vie.

Avec quelles dispositions du cœur ?

L'abandon et l'amour

Offrir sa vie, accepter sa mort. Quoi de plus grand, de plus total ? Quoi de plus encore ?

Nous n'avons rien à mériter, puisque le Seigneur l'a fait pour chacun et chacune de nous, qui que nous soyons !

Nous n'avons pas affaire à un Dieu indifférent, mais qui a une relation personnelle avec nous, puisqu'il a pris nos chemins et nous a dit : « Et moi, je suis avec vous tous les jours jusqu'à la fin des temps. » (Mt 28,20)

Que signifie ce « avec vous » ?

Qu'il nous assure de sa présence en nous donnant le courage, la force de traverser nos épreuves et l'occasion de progresser vers la paix intérieure. Qu'à travers notre souffrance inévitable, avec et malgré elle, nous grandissons dans la connaissance du vrai Dieu qui nous habite.

Qu'est-ce qu'un diagnostic spirituel ?

> *Celui qui précise peu, comprend peu, et aide peu.*
>
> Saint Ignace de Loyola

Si les blessures spirituelles peuvent être soignées et guéries au même titre que les blessures physiques ou psychologiques, il faut aussi en faire le diagnostic.

Le mot diagnostic vient du grec *diagnosis* qui signifie : « distinguer, reconnaître et déceler d'après des indices et des signes. » Plus précisément, dans le domaine spirituel, il peut aussi être défini par ce dont le malade souffre dans sa prise de conscience des réalités existentielles, telles que le sens à la vie, l'amour, la souffrance, la mort, la foi, la prière, l'au-delà.

L'élaboration du processus du diagnostic se fait par le même processus de base que pour toute approche scientifique, soit :

la collecte des données ;

l'analyse et l'interprétation des données ;

la planification des interventions : objectifs à atteindre ;

l'intervention elle-même et

l'évaluation de l'intervention.

La seule différence est que les rayons X les plus sophistiqués ainsi que les analyses de laboratoire les plus modernes ne seront pas d'une grande utilité.

C'est d'un autre ordre et le processus de diagnostic fait appel à d'autres paramètres.

Un bon clinicien ou une bonne clinicienne ne se fiera pas uniquement aux résultats des examens, mais écoutera tout autant ce que le malade a à dire. Je connais une docteure en médecine qui termine son entrevue par une question pleine de sens : « Est-ce qu'il y a encore quelque chose qui vous inquiète ? » Il en va ainsi du domaine spirituel.

J'ai déjà beaucoup insisté sur l'importance de l'écoute dans mes deux livres précédents. Écouter, écouter et écouter sont encore ici les trois principales choses à mettre en priorité comme l'affirme Cecily Saunders, avec son expérience de trente années en soins palliatifs.

Des questions utilisées au bon moment peuvent aussi venir en aide à des sentiments et à des états d'âme que la personne a peine à cerner et à nommer.

Elles ont une dimension assez vaste pour laisser toute latitude à la réponse.

Ce pourrait être :

+ Qu'est-ce qui vous a le plus manqué dans votre vie ?

+ De quoi avez-vous le plus souffert ?

+ Si c'était à recommencer, feriez-vous la même chose ?

+ Qu'aimeriez-vous n'avoir jamais fait ? Que souhaiteriez-vous qui ne vous soit jamais arrivé ?

+ Qu'aimeriez-vous changer en vous ?

+ Que voulez-vous vivre et qu'est-ce qui vous empêche de le vivre ?

+ Pouvez-vous repérer des moments où Dieu vous a fait signe dans une journée ?

+ Quelles personnes vous ont le plus aidé dans votre vie ? Qu'ont-elles fait ou comment ont-elles été ?

Comme ce petit livre se veut à la portée de tous et non un traité savant, j'illustre seulement par deux exemples vécus un diagnostic spirituel et son traitement.

Nous est arrivé un malade en soins palliatifs qui souffrait d'un cancer des os et à qui nous devions donner de fortes doses d'analgésiques pour contrer sa douleur. Il était très anxieux, car il croyait que nous lui faisions des piqûres « d'eau » au lieu de morphine, sa douleur tardant à être soulagée. Nous avons entrepris de lui prouver le contraire en préparant les injections devant lui, en lui faisant vérifier les étiquettes, et j'en passe... Peine perdue, il se méfiait. Un matin, je lui dis à peu près ceci : « Vous croyez que l'on vous injecte du NaCl (chlorure de sodium, sérum physiologique, fait d'eau et de sel) ; nous vous assurons depuis plusieurs jours que tel n'est pas le cas. Ce matin, nous allons essayer de soulager votre douleur avec de " l'eau ", mais je vous dis à l'avance qu'une injection de NaCl, ça pince ! Êtes-vous d'accord à ce que nous l'essayions ? » Ses yeux se remplirent de larmes et il répondit : « Je ne peux plus faire confiance à personne, on m'a tellement menti ! » J'avais l'impression qu'un abcès venait de crever et que la blessure apparaissait dans toute son ampleur. Sur le point de mourir, il ne pouvait pas plus faire confiance à Dieu, lui qui affirmait être croyant.

Il s'agissait donc pour nous d'amener ce malade à nous faire confiance car, lorsque nous sommes sûrs de l'autre, nous le devenons aussi de nous-même. La confiance ou la méfiance se bâtit dès les premiers mois de la vie.

La confiance écarte le doute et mène à la possibilité de s'abandonner à quelqu'un. Au fond, c'est refuser la peur.

Les maîtres spirituels de toutes les religions reviennent constamment sur cette évidence :

Que la croissance dans la vie spirituelle entraîne inévitablement la disparition de « l'anxiété vitale ».

Le pape Jean XXIII disait de quelqu'un : « Il n'est pas tout à fait saint, il s'inquiète. »

C'est l'image du trapéziste qui fut le départ du cheminement de ce malade vers la confiance.

Henri Nouwen raconte qu'en vacances en Allemagne avec son père, ce dernier l'invite au cirque. Il est si fasciné par le jeu des trapézistes qu'il va rencontrer le chef de la troupe pour en connaître plus sur la voltige.

Celui-ci lui dit :

En tant que voltigeur, je dois avoir pleine confiance dans mon receveur. Le public peut bien penser que je suis la grande star, l'étoile du trapèze, mais la vraie étoile c'est mon receveur. Il doit avoir une précision réglée au dixième de seconde et m'attraper au vol alors que je m'approche de lui au terme du long saut.

« Comment faites-vous cela ? » écrit Nouwen. « Le secret, dit Rodleigh, c'est que le *voltigeur* **ne fait rien** et le *receveur* **fait tout**. Quand je m'envole vers Joe, je n'ai qu'à tendre les bras et les mains et attendre qu'il m'attrape et me tire vers le tablier, en sécurité derrière la barrière. »

« Vous ne faites rien » dis-je tout surpris, relate encore Nouwen. « **Rien** répéta Rodleigh. La pire chose que pourrait faire le *voltigeur*, ce serait d'essayer d'attraper le *receveur*. Je n'ai pas à attraper Joe. C'est la tâche de Joe de m'attraper. »

> *Un* voltigeur *doit s'envoler,*
> *et un* receveur *doit attraper,*
>
> *et le* voltigeur *doit croire, les bras tendus,*
> *que son* receveur *sera là pour lui.*

(Jurjen Beumer, *Henri Nouwen, sa vie et sa spiritualité*, p. 78)

Après cet épisode, il s'est développé entre nous une complicité telle, que son langage semblait codé d'une certaine manière. Il disait parfois : « Je n'ai pas laissé faire mon *attrapeur* aujourd'hui » ou « J'ai *voltigé* comme un oiseau hier. »

De le voir cheminer vers la sérénité et l'abandon paisible me faisait souvenir de cette phrase de Madeleine Delbrel, dans *Indivisible amour*, qui dit :

Pour que cette confiance soit réelle, effective, pour qu'elle traite Dieu pour ce qu'Il est : Tout-puissant et Tout-bon, nous devons nous refuser à l'inquiétude, la désavouer en nous, la contredire chaque fois où elle surgit en nous.

Autre exemple d'un diagnostic spirituel :

Au milieu d'une conversation, un malade glisse comme en sourdine : « Avec la vie que j'ai menée, il n'est pas surprenant que j'en sois rendu là. » Il souffrait d'un cancer et était en phase terminale. « Que voulez-vous dire ? » lui ai-je demandé. Ayant gagné sa vie en tenant une maison de prostitution, il regrettait surtout la prostitution juvénile. Il avait maintenant la conviction que sa maladie était une punition de Dieu et il ne pouvait se pardonner à lui-même.

Notre pire ennemi est parfois nous-même ! Cet ennemi menaçant a le visage de nos fautes, de nos instincts réprimés et tout ce qui nous oppresse l'âme et empêche la paix du cœur.

Puisque cet homme se jugeait inacceptable, il ne pouvait pas non plus croire au pardon de Dieu. Il ne pouvait se réconcilier avec l'histoire de sa vie.

Cela ne se soigne pas avec de la morphine, mais au bout du long chemin de la réconciliation avec soi-même d'abord, puisque c'est là le pardon le plus difficile, ensuite le pardon à ses parents et enfin avec les autres. Quelqu'un qui n'aurait pas pardonné à son père et à sa mère d'avoir été simplement ce qu'ils ont été, aura des difficultés avec toute autorité, quelle qu'elle soit. Nous projetons constamment l'image de nos parents sur les personnes qui nous entourent.

C'est enfin à la certitude d'être aimé en dépit de sa faute qu'il s'est accroché ; « parce que tu comptes beaucoup à mes yeux, que tu as du prix et que moi je t'aime » (Is 43,4). Il eut un grand moment de vérité avec lui-même, face à sa pauvreté d'être qui le fit passer à un autre niveau de conscience, celui de la joie paisible, du calme profond. Au dernier moment, je lui redis encore à l'oreille cette parole inspirée, libératrice, qui lui donnait la chance de mourir guéri.

Les principales douleurs spirituelles

Je ne développerai pas les différentes catégories de blessures spirituelles, mais j'en nommerai et commenterai succinctement quelques-unes, pour que l'on sache un peu ce dont il s'agit. Je m'attarde plus longuement à celle de l'**impossibilité à pardonner**, qui est peut-être la plus fréquente et la plus dramatique.

1. La solitude

Même si le malade est bien entouré, bien soigné et paisible, il vit la solitude, il est seul dans la mort. Là où il s'en va, nous ne pouvons pas l'accompagner et il le sait.

Mais s'ajoute parfois à cela l'isolement qui vient du fait que les proches et le médecin se parlent entre eux, sans que le malade y ait accès. Il se trouve que le principal acteur est ignoré, sous prétexte de le protéger.

Une dimension éthique de la relation médecin-patient fait que si le malade demande à l'équipe soignante de ne rien dire aux proches, cette prérogative prévaudra. Le malade aura la liberté de renseigner lui-même les siens sur ce qu'il veut bien leur révéler à son sujet. Cette façon de faire a pour avantage d'empêcher, en tout cas de diminuer le phénomène de solitude, le malade restant maître de ce qui lui appartient, tant que sa condition le permet. Par la suite, seules les personnes dûment autorisées auront accès aux renseignements, respect oblige !

2. La foi qui ne rassure pas

La maladie rend chacun très vulnérable et très fragile. Les appuis qui ont été miens et sur lesquels je pouvais compter durant toute ma vie peuvent me manquer au moment où j'en aurais le plus besoin. La foi, qui ne me sert apparemment à rien, est une de ces épreuves intérieures les plus douloureuses.

Prenons un malade souffrant d'une maladie pulmonaire grave rendant sa respiration difficile. Cette difficulté engendre l'anxiété. Même s'il a une confiance totale en le Seigneur, même s'il lui a consacré toute sa vie, il est peu probable que sa foi facilitera sa respiration en ces moments pénibles.

Pour quelle raison ?

Parce que respirer et avoir la foi ne se situe pas au même niveau, si nous nous référons au schéma de la structure de la personnalité :

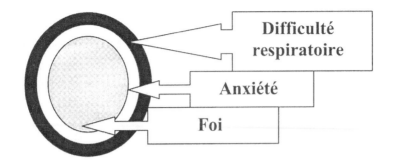

Henri Nouwen avait visité le cardinal Bernardin de Chicago alors qu'il était mourant. Ce dernier dit : « Cette conversation m'a été d'un grand secours ; cela a supprimé une part d'angoisse et de peur au sujet de ma propre mort. » (*Ibid.*, p. 134)

3. L'incapacité à pardonner

Cette douleur spirituelle est peut-être la plus fréquente et l'une des plus dramatiques. Je veux parler des offenses, que l'on juge impardonnables.

En français québécois nous qualifions ces offenses de « coups de cochon » et un Français dirait que ce sont des « vacheries ». Pourtant, les ruptures commencent parfois par des peccadilles, un mot ou un geste, un événement insignifiant ou pire encore, par quelque chose dont nous ne sommes absolument pas responsable !

François Varillon écrit que : « Les humains ne peuvent pas vivre ensemble s'ils ne se pardonnent pas les uns aux autres de n'être que ce qu'ils sont. »

En guise d'exercice de « discernement spirituel du conscient », nous pourrions tenter de répondre à ces questions :

À qui aurais-je des choses à pardonner ?

Avec qui serait-ce le plus difficile en ce moment ?

Quel conflit voudrais-je résoudre en ce moment ? Pourquoi ?

Pourquoi est-ce si difficile de pardonner ?

En ce qui concerne le pardon, Jean Monbourquette o.m.i., prêtre et psychologue, est selon moi celui qui a su le mieux trouver les mots et la manière de dire qui rejoignent à la fois le cœur humain et l'enseignement évangélique. Pour ce qui est du processus de guérison afin d'extirper de son cœur ce véritable « corrosif », c'est Alphonse Goettmann qui a ma faveur ; prêtre orthodoxe et responsable avec son épouse Rachel du Centre Béthanie à Gorze, en France. Il propose une méthode qui respecte à la fois la nature humaine et le commandement du Seigneur : pardonnez à vos ennemis.

Je m'inspire donc des deux.

Le processus de guérison d'une blessure physique peut nous aider à comprendre la nécessité de respecter la dimension humaine dans la perspective du pardon; ne pas sauter trop vite à l'obligation spirituelle. Cette façon d'agir mène le plus souvent à la révolte.

Processus de guérison de la blessure physique
La plaie ne guérit pas immédiatement : ✦ Le sang doit d'abord coaguler ✦ puis une croûte se forme et ✦ sous la croûte apparaîtra une nouvelle peau. C'est seulement lorsque cette nouvelle peau est bien en place que la croûte peut tomber.
Si on enlève la croûte qui s'est formée sur la blessure avant qu'elle ne soit prête à tomber, le processus de guérison est interrompu et il faut recommencer à zéro.
Amener les personnes à pardonner sans tenir compte de la dimension humaine fait le même effet : remet la blessure à vif... et la fait saigner.

Et pourtant il y a encore des pseudo-spirituels qui ne tiennent pas compte de cette réalité. L'un d'entre eux forçait ainsi une dame qui ne pouvait pas pardonner à son gendre, divorcé d'avec sa fille et qui maltraitait leurs enfants, de déclarer devant Dieu qu'elle lui pardonnait « tout de suite », étant donné qu'elle était chrétienne. La dame ne le pouvant pas humainement parlant, se sentait en plus coupable d'être si peu chrétienne [sic].

Il y a fréquemment de fortes réactions lorsque j'aborde la possibilité d'arriver à pardonner les plus cruels outrages, les affronts, les injures ou les insultes. Au fond, il s'agit de la même brisure du cœur.

Chacun y va de ses expériences à faire frémir parfois, tant l'inconséquence et la bêtise humaine peuvent être révoltantes. Immanquablement, il ressort que pardonner serait de la naïveté, « se laisser manger la laine sur le dos » ou encourager « le vice ». Alors il est hors de question de l'envisager, du moins pour les personnes qui souffrent de cette douleur spirituelle. Le premier réflexe, bien humain, est de se venger.

Un homme disait tellement haïr un collègue de travail, qu'il égratignait un peu son automobile chaque fois qu'il en avait l'occasion. Quand je lui demandai ce que ce geste lui apportait, il dit : « Cela me fait du bien, je sens un certain soulagement, mais il me faudrait sans cesse égratigner et égratigner tout le tour ! C'est toujours à recommencer. »

Nous pourrions comparer cela avec une pièce remplie de fumée. Si je sors dehors pour prendre une bonne bouffée d'air frais, je me sentirai bien, mais lorsque j'entrerai de nouveau dans la pièce, j'étoufferai encore dans la fumée.

La vengeance est un mauvais procédé à adopter après un tort infligé. Cela n'apporte qu'une apparence de libération.

Les esprits se calment un peu lorsque j'évoque la confusion qui vient des **fausses conceptions** que nous avons du pardon.

Il y en a plusieurs. Monbourquette dit qu'en les connaissant, « nous pourrions éviter les découragements, les trahisons de soi, les blocages de la croissance humaine, spirituelle et religieuse ».

Voyons quelques-unes de ces fausses conceptions du pardon.

C'est une erreur de faire de l'oubli la vérification de notre pardon. Pour pardonner, il faudrait donc attendre une perte de mémoire complète ? L'expression « Je lui pardonne, mais je n'oublie pas » est très juste ; sauf qu'elle a dans notre langage une connotation négative, qui semble dire : je ne pardonne pas tout à fait. Justement, dans la méthode pour guérir, il faudra se souvenir, pour guérir la mémoire.

Pardonner ne signifie pas non plus nier. Tant que nous ne pouvons pas admettre la blessure, le processus de guérison ne peut débuter. Nous verrons aussi, dans la méthode pour guérir, qu'il faudra en tout premier lieu réussir à **reconnaître.**

Pardonner ne veut pas dire décharger l'autre de sa responsabilité parce qu'il a été mal éduqué ou qu'il n'a pas eu de chance dans la vie. À ce compte-là, nous ne serions jamais responsables de nos actes, car nous sommes tous plus ou moins marqués par notre hérédité et notre culture.

C'est souvent un subtil raisonnement pour nous empêcher de souffrir davantage : il est moins douloureux d'excuser la personne que de croire que l'autre qui nous fait souffrir l'a fait consciemment.

S'il faut que justice soit faite, ou des torts de tous ordres à réparer, ne pas recourir à ses droits est encore une erreur sur les critères du pardon. Laisser la justice suivre son cours est aussi chrétien que ne pas se venger ou ne pas souhaiter de mal. Si la personne qui nous a fait tort mérite la prison ou une autre sanction par les lois civiles, ne pas porter plainte ou retirer sa plainte, sous prétexte que sans cela je ne peux être sûr de mon pardon, est aussi une fausse conception du pardon. Lorsqu'en 1981, le pape Jean-Paul II a été victime d'une tentative d'assassinat, il a laissé la justice suivre son cours face à son agresseur.

Se retrouver comme avant l'offense ne se peut pas. Il est impossible de retourner en arrière après avoir subi un tort. Cet événement sera toujours là pour me le rappeler. Il fera partie de mon histoire.

Je serai guéri, comme pour toutes les autres blessures, lorsque je n'éprouverai plus d'émotions en l'invoquant. Je pourrai donc en parler sans larmes, sans colère ou sans tristesse.

Il se peut que la relation redevienne meilleure ou tout au moins aussi bonne qu'avant dans certains cas, mais dire « oublions tout et recommençons comme avant » est une illusion car avant, il n'y avait pas cette cicatrice.

Aussi, il se peut que nous ne voulions plus avoir de contact avec la personne qui a causé notre souffrance. Cela non plus n'est pas un critère de non pardon.

Durant mon enfance, nous avions un voisin qui n'acceptait pas que mon père ait planté un arbre sur notre terrain. Je n'en connais pas la raison. Peut-être lui cachait-il la vue ? Mais un bon jour il est venu incognito mettre du sel sur la racine de l'arbre, ce qui eut comme effet de dessécher l'érable. J'allais à l'école avec sa fille. Observant les relations ou plutôt l'absence de relations qui s'ensuivirent, je demandai à ma mère ce qui était le plus méchant : faire mourir l'arbre, ou bouder le voisin ? Étant donné l'éducation de mes parents, mon opinion était déjà faite par rapport à la bouderie. J'ai constaté plus tard que pour moi, le pire était bien le danger de perdre l'amitié de mon amie.

Nous ne pouvons pas commander à quelqu'un de pardonner. Si le pardon n'est pas fait librement, il ne peut être libérateur, bien plus cet engagement forcé trouble la personne, qui développe une culpabilité ou un mépris d'elle-même qui entrave tout progrès spirituel.

On ne peut être spirituel sans tenir compte de sa nature humaine avec ses sentiments et ses émotions, qui demandent aussi à être pris en considération.

Si la méthode proposée ultérieurement est si aidante pour cheminer vers le pardon, c'est justement parce qu'elle tient compte de tous les aspects qui entourent cette démarche, y compris le temps.

De plus, nous ne sommes pas liés par le pardon de l'autre à ses propres réactions ou à ce qu'il va dire ou faire, même son rejet ou sa violence. Il se peut que nous soyons l'offensant. Si nous voulons faire une démarche de pardon et que la personne refuse de quelque manière que ce soit, ce n'est plus de notre responsabilité, de notre ressort. Même si l'autre nous refuse son pardon, nous sommes pardonnés.

Toutes ces fausses conceptions du pardon ont tenté de déblayer le chemin, pour arriver à la véritable notion du pardon.

Si le pardon n'est pas opératoire, c'est parce qu'on en fait un acte extérieur purement psychique, il s'agit de descendre là où se cache le traumatisme, jusque dans les profondeurs inconscientes. Sinon il n'y a pas de vraie guérison, selon Goettmann.

Encore ici, il faut revenir à la structure de la personne humaine et revoir les trois niveaux. Aux seuls deux premiers niveaux, il y a en nous des sphères nombreuses qui ne sont pas capables de pardonner.

Il faut s'adresser au troisième niveau, celui du **vouloir profond**. Je m'adresse alors à Dieu pour faire le pardon en moi et je me libère du même coup de la contrainte du pardon.

Alors, je n'ai pas l'impression d'être violenté ni d'agir au-dessus de mes forces, mais j'agis en toute liberté : j'en ai le désir, je veux mais j'en suis incapable. Il faut avoir la volonté de se réconcilier, mais c'est finalement l'œuvre de la grâce divine.

Comme je ne sentirai pas mon pardon, le niveau spirituel n'étant pas sensible, à moins d'expériences spirituelles hors de l'ordinaire, j'en sentirai cependant les effets : une paix profonde et une liberté intérieure. La personne qui m'a offensé n'aura plus de pouvoir sur moi.

Mais le malade à traiter, c'est toujours moi !

Un signe qui montrera la sincérité de mon vouloir profond, c'est le renoncement à toute espèce de vengeance. C'est le niveau minimum pour se considérer pardonné.

C'est une trajectoire où il est toujours possible de progresser, comme l'illustrent ces situations vécues.

Adopter comme fils l'agresseur de ma fille

Aller rencontrer mon agresseur pour l'assurer de mon pardon

Renoncer à la vengeance

Il faut bien prendre conscience
que lorsque je ne pardonne pas,
c'est à moi que je fais le plus de tort.

En effet, la plupart des troubles émotionnels sont en rapport avec notre mémoire. Notre passé influence notre présent. (William Johnston, *Musique du silence*, p.164-165) Une rancœur permanente peut amener l'incapacité à aimer qui que ce soit.

Beaucoup n'entrent pas dans la démarche du pardon, parce qu'ils se croient incapables de le faire.

Voici donc la méthode pour guérir par la puissance du pardon.

La méthode du pardon et de la guérison est la même pour toutes les sortes de traumatismes.

Il faut d'abord prendre beaucoup de temps.

Une séance par semaine, une demi-heure par exemple, au même endroit, à la même heure : il y a une loi du rythme qui joue un grand rôle. Le subconscient fait un travail extraordinaire entre les séances.

S'asseoir dans une posture confortable.

Détendre chaque partie du corps l'une après l'autre, dans une respiration profonde. Seulement après, on peut commencer à :

1. RECONNAÎTRE

Regarder le fait sans réfléchir ni analyser.

Simplement VOIR. Plus on est détendu, plus on voit.

Reconnaître une réalité, tel traumatisme du passé, tel blocage qui empêche de vivre, tel événement jamais assumé, telle relation destructrice.

C'est ce que nous retenons qui nous fait souffrir.

Il est impossible de simplement reconnaître un événement traumatisant sans une parfaite détente du corps.

Une femme dont le mari avait été tué par des voleurs ne pouvait absolument pas penser à l'événement, au début de la démarche. Elle en était incapable.

Pendant cet exercice, si l'on constate la moindre crispation ou tension dans les mâchoires, la nuque et les épaules, ou la respiration qui monte et se fait plus courte et plus rapide, ce sont là des signes évidents de résistance, de fermeture et de refus.

Il faut alors respirer profondément avec le diaphragme, jusqu'à ce qu'on trouve la détente.

Sans ce calme intérieur, nous n'avons pas accès aux profondeurs du subconscient ou de l'inconscient. C'est là que se loge le traumatisme qui nous ronge.

Il faut alors recommencer les séances pour RECONNAÎTRE, semaine après semaine, jusqu'à ce que nous puissions le faire sans tension ou crispation.

Nous pouvons ensuite passer à :

2. ACCEPTER

Accepter ce que nous venons de voir, accepter l'inacceptable au lieu de refouler et de se cacher la vérité : c'est bien à soi que c'est arrivé. Adhérer à nos états d'âme, la souffrance déchirante, la colère et les désirs de vengeance. Être pleinement conscient de ce qui est dans un oui total.

Si les mêmes signes de crispation reviennent, revenir à la première étape de RECONNAÎTRE.

Mais si après un certain temps l'acceptation se fait, il n'y a plus de refoulement.

Vient la dernière étape :

3. BÉNIR

Étant détendu, on peut maintenant descendre dans la profondeur, où se trouve précisément le traumatisme, où se manifeste le vrai dynamisme du pardon.

Il s'agit de BÉNIR ce que l'on a reconnu, vu et accepté. On peut passer le nombre de séances nécessaires à BÉNIR, jusqu'à ce que l'on soit guéri.

Encore là, si l'on constate des signes de tension, il faut revenir à la deuxième étape, ACCEPTER.

Il suffit de répéter lentement et paisiblement :

« Seigneur, sois béni dans ce que j'ai vécu ou dans tel événement (le nommer). » Chaque personne peut trouver sa formule personnelle. L'essentiel est d'avoir une formule courte que l'on peut répéter avec facilité.

Peut-être qu'un jour nous pourrons aussi dire sincèrement :

Seigneur sois béni dans telle personne.

Bénir est un acte profondément recréateur.

Pourquoi ?

Parce que louer et rendre grâce veulent dire la même chose. Ces mots découlent de la Pâque même du Christ, qui n'a pas écarté la mort mais l'a transformée en vie.

Bénir signifie dès lors que le Christ descend dans mon traumatisme, dans ce qu'il y a de mort en moi pour lui redonner vie et guérison.

La paix profonde qui s'installe alors en moi est la vie même de Dieu.

Si plus rien ne nous atteint ni ne nous trouble, alors nous connaîtrons la libération. (*Le Chemin*, « Guérir par la puissance du pardon », p. 2-14)

William Johnston écrit « qu'une fois cela accompli, l'illumination se produit dans un instant de totale réconciliation avec l'univers [...].

Dans l'acte du pardon, on prend conscience qu'on est pardonné. On perd la haine de soi, qui est la source de toute autre haine ; on est guéri par un acte d'amour. [...] Ce qui est réellement thérapeutique, c'est la foi et l'amour qui pénètrent ces états profonds. » (William Johnston, *op. cit.*, p. 174)

Soins spirituels spécifiques

L'onction des malades et le viatique sont les deux sacrements particulièrement destinés aux malades et aux mourants.

Pourquoi le sacrement ?

Pour que l'amour et le pardon de Dieu aient un visage. Pour rendre visible l'invisible. Nous, les humains, avons besoin de réaliser par nos sens qu'au temps de la maladie, la présence de Dieu est manifestée. Montrer la sollicitude du Seigneur pour la personne souffrante, infirme ou vieillissante.

Anselm Grün, moine bénédictin allemand, écrit que quand il donne le sacrement des malades, au moment de la bénédiction, il trace le signe de la croix sur le front, sur la bouche et sur la poitrine du malade. De cette façon, le malade ressent physiquement le contact de l'amour salvateur de

Dieu, et les mots de bonté qu'il lui adresse au nom de Dieu s'impriment dans la pensée, dans les sens et dans le cœur du malade, pour les transformer. (Anselm Grün, *L'onction des malades*, p. 32)

1. L'onction des malades

Un jour que je proposais l'onction des malades à une dame âgée, malade et en fin de vie, elle plissa ses yeux à demi fermés et me dit d'un ton interrogateur : « C'est l'extrême-onction ça ? » Je compris qu'elle interprétait : on change de nom parce qu'on n'ose pas me dire directement que je vais mourir bientôt, mais cette demande en signe l'éventualité.

Elle ne faisait que refléter la croyance de son époque, qui dissimulait la gravité de l'état du malade en retardant le plus possible le recours à ce sacrement.

Du même coup, on en faussait tout à fait le but, qui est de donner courage et force pour traverser le temps de la maladie et non de la mort.

Aujourd'hui, nous sommes revenus aux sources en redonnant le nom qui convient à son vrai sens.

Qui peut recevoir ce sacrement ?

✦ Les malades gravement atteints sans pourtant faire référence à un danger de mort immédiat.

✦ Les personnes dont le grand âge, l'usure, la fatigue justifient le recours à ce sacrement, même si elles ont encore bien des années à vivre.

L'onction des malades peut être reçue plusieurs fois durant une vie, chaque fois que la maladie ou les infirmités changent ou s'aggravent. Chaque fois que la personne en sent le besoin, sans pour autant tomber dans le magique et la superstition, en croyant que plus on le reçoit, plus c'est bon !

✦ Toute personne troublée et profondément bouleversée. Lorsque la souffrance risque d'éteindre en elle l'espérance. Quelqu'un placé dans une situation à ce point difficile que, pour la traverser, des forces spirituelles seraient bienfaisantes.

Une femme très obèse s'était vu refuser l'intervention chirurgicale dont elle avait besoin à cause du danger encouru. Une chirurgienne accepta alors de pratiquer l'intervention, mais la malade n'était pas du tout rassurée. Au contraire, tous les dangers dont elle avait précédemment entendu parler hantaient sa mémoire et son imagination. Elle était dans un état d'anxiété tel, qu'elle ne pouvait trancher entre son désir d'être opérée et la peur qui l'envahissait.

Je lui proposai le sacrement des malades comme étant le « remède » approprié pour son état. Deux semaines plus tard, en fauteuil

roulant, elle venait rendre visite au groupe dont
elle faisait partie avant de quitter le cours.

Ses propos étaient la preuve vivante de la
puissance divine réconfortante, guérisseuse et
porteuse de vie de ce sacrement.

Vous aurez remarqué que je ne parle pas ici du déroulement de la cérémonie, c'est aux ministres ordonnés qui donneront l'onction des malades de le faire, ce qui se retrouve dans tous les manuels à cet effet.

Ce que je désire souligner, c'est que ce « soin spirituel » doit être offert aux croyants qui le désirent. Les responsables des soins ne sont pas obligés d'avoir les mêmes croyances, mais connaître ce service à offrir s'impose.

Une jeune Vietnamienne, nouvellement arrivée au Québec, faisait cette réflexion :

Vous vous dites respectueux de toutes les religions,
sauf de celle que vous avez en propre. On dirait
que vous êtes désulfurés de votre propre culture,
comme si vous étiez sortis de votre lit de rivière,
inondés, vous répandant dans toutes les
directions, sans trajet historique, sans orientation
d'avenir. (La vie des communautés religieuses,
le frère Jean-Paul Desbiens, janvier-février 2000,
p. 47)

2. Le viatique

Le mot vient du latin *viaticum* qui signifie : provision pour le voyage, pain de la route.

Le viatique est le pain eucharistique : la communion donnée au chrétien, donc au baptisé dont la mort est proche, c'est-à-dire près de son « passage » de la terre vers le ciel.

C'est le sacrement des mourants, le sacrement de la mort chrétienne. C'est normalement le dernier sacrement, celui qui accompagne pour le « passage ». Cela suppose que le malade a déjà reçu le sacrement des malades.

Le viatique a comme objectif d'aider le malade à assumer sa propre mort, lui donner le secours nécessaire au « grand voyage ».

Le viatique est normalement lié à la célébration de l'eucharistie, mais ce n'est pas obligatoire. On peut célébrer le viatique lors d'une cérémonie, si l'état du malade le permet. Le mourant devient ce voyageur accueilli à l'avance dans le cœur du Père.

C'est d'abord l'eucharistie qui est fondamentalement viatique. On dit communément : la communion en viatique.

Dans les premiers temps de l'Église, c'est ce qui a donné lieu à la réserve eucharistique dans les tabernacles des églises. On gardait l'hostie consacrée en vue de donner le viatique aux mourants.

Réunir les parents et les amis les plus proches et les plus signifiants pour le malade ajouterait encore à la signification de ce passage. Dieu fait avec nous et avec les autres une Alliance éternelle, le viatique annonce ainsi l'au-delà de la mort, où nous serons tous réunis.

La profession de foi est visible, en ce sens que la personne qui s'approche de sa mort fait une offrande d'amour et d'action de grâces en rappel de son baptême. C'est le geste qui marque le sommet de sa vie spirituelle.

On sait par ailleurs que cette communion solennelle entre toutes peut, dans la pratique, être suivie d'autres rencontres sacramentelles, car il est souvent impossible de prévoir le moment de la mort.

Une femme mourante recevait le viatique à l'intérieur d'une messe qui était célébrée dans sa chambre. Sur sa suggestion, nous avions invité des membres de sa famille. Comme la plupart du temps, les personnes présentes étaient entassées près de la porte. Je fais signe à l'homme du début de la rangée d'avancer près de la tête du lit de la malade. À un moment donné, le prêtre demande aux gens de se prendre par la main pour réciter le Notre Père. *La dame mourante sort ses mains de sous les couvertures pour en tendre une à son gendre, qui était celui à qui j'avais demandé de changer de place, et tend l'autre main à sa belle-sœur, qui se trouvait de l'autre côté.*

Après la célébration, ces deux personnes foncent littéralement dans mon bureau. Elles venaient de vivre un moment attendu depuis longtemps, qu'elles n'avaient plus grand espoir de voir se réaliser.

C'est alors que j'appris que celle qui allait mourir avait vécu deux grands deuils : celui de son mari et celui d'un enfant de neuf ans. Depuis ce temps, elle avait complètement coupé toute relation avec sa belle-famille et avait aussi refusé de rencontrer son gendre et ses petits-enfants. C'était une douleur vive pour les deux familles.

Libérée et pacifiée, prête pour son ultime voyage, elle ouvrait sans un mot ses deux bras à la réconciliation. Une douleur de deuil non résolu l'avait « défigurée », dans le sens tragique de masquer son vrai visage.

CHAPITRE 3

Le cheminement spirituel

Les promesses qui nous sont faites

*A*llez donc faire croire à vos ancêtres ayant vécu il y a une centaine d'années, que vous leur donnerez en cadeau un appareil où ils pourront regarder, en couleurs en plus, ce qui se passe en Australie ou en Chine et par surcroît en direct.

Leur incrédulité viendra de leur inexpérience et de leur impossibilité à l'imaginer. S'ils acceptent votre offre, c'est qu'ils vous « croient sans avoir vu » ; à ce moment-là, ils commenceront sans doute à espérer que vous tiendrez votre promesse ! Dites la même chose à vos enfants ou à vos petits-enfants ; leur réaction sera peut-être : « Est-ce que le DVD vient avec ? »

La Sagouine, dans un de ses monologues, fait dire à son personnage, en parlant de l'attente du printemps : « Ce n'est pas de l'avoir qui est important, c'est de savoir qu'on va l'avoir. » Cela correspond tout à fait aux promesses faites à l'égard de la destinée humaine.

Souvent, les malades en fin de vie, et parfois leurs proches, demandent : « Comment cela va-t-il se passer ? » Personne n'est revenu pour nous le dire, en essayant de se représenter leur mort. La difficulté, c'est que nous n'avons pas de repères dans l'imaginaire.

C'est une question de foi, de décider de croire. Tous les jours, nous avons des occasions qui nous amènent à nous fier sans preuves : le chirurgien qui nous assure d'avoir enlevé la tumeur, l'épicier qui nous dit qu'il livrera à domicile nos provisions, le banquier qui nous conseille sur nos placements, ou le bon samaritain qui nous indique la route.

Pourtant oui, il y a quelqu'un qui est revenu : Jésus ! Bien plus, en ressuscitant, il a promis que ce serait également ce qui arriverait à chacun de nous. Aussi inouï que cela puisse être, c'est trop beau pour ne pas être vrai ! Aucun esprit humain n'aurait pu imaginer une destinée semblable ! Ses plus proches disciples n'y croyaient même pas. Pourtant, Jésus le leur avait dit à maintes reprises ! De façon, il est vrai, un peu voilée...

Une petite fille de quatre ans faisait cette réflexion à la sortie de la veillée pascale : « Le monsieur prêtre a dit que Jésus était mort et

que trois jours après il est revenu en vie. C'est
rare qu'on voit ça ! »

Mon expérience auprès des mourants a fait s'installer en moi certaines convictions par rapport à la mort :

1. **Ceux et celles qui approchent de la fin de leur vie savent de façon assez précise le moment de leur mort.**

Est-ce qu'ils ont conscience de le savoir et conscience qu'ils nous le disent ? Comment l'ont-ils su ? Le plus souvent, ce n'est qu'après leur disparition que nous nous rendons compte de la véracité de leurs propos ou de leurs gestes.

À Vallée des Roseaux, témoins de cette réalité à plusieurs reprises, nous prenons en considération les paroles et les désirs des malades.

Pour ne citer que quelques exemples :

Un homme à Vallée des Roseaux dit, vers treize heures, alors qu'il était encore dans son fauteuil : « J'aimerais avoir quelqu'un avec moi, car je me couche pour mourir. » C'était l'automne et il faisait déjà sombre dans la chambre, lorsque vers seize heures, il a demandé à la bénévole d'éteindre la lumière, qu'il trouvait trop éblouissante au moment où il mourait.

Un autre malade, en phase palliative mais non en phase terminale, était venu à Vallée des Roseaux surtout parce qu'il vivait seul. Très tôt un matin, il manifesta le désir de voir un couple d'amis pour la dernière fois. Nous avons acquiescé à sa demande. Assis sur le bord de son lit, quelques heures plus tard, il faisait une embolie pulmonaire fatale.

2. Ceux qui meurent ne tombent pas dans le vide ; quelqu'un les attend et les accueille.

Une femme élevée par sa grand-mère, qu'elle aimait beaucoup, dit avec un regard rempli de joie : « Tiens, elle est là ! »

Un homme avait quitté la France depuis plusieurs années et des membres de sa famille étaient décédés sans qu'il puisse les revoir. Alors que je demeurais près de lui pour permettre à son épouse de prendre son repas, il leva la tête et regarda, surpris, le pied de son lit. En souriant, il dit : « Maman ! Pascale ! »

Je demandai à sa femme s'il y avait quelqu'un dans sa famille qui se nommait Pascale. Elle répondit : « Oui, c'est sa sœur dont il était très proche et qui est décédée depuis quelques années. »

3. Ceux qui meurent sont mystérieusement attirés vers quelqu'un qui semble demander leur consentement.

Une femme agonisante ouvre tout à coup les yeux et dit en mourant : oui, oui.

Au moment de la mort, de nombreuses expériences de tout ordre pourraient être encore rapportées. Des phénomènes qui peuvent sans aucun doute nous laisser entrevoir le bonheur qui nous attend.

Pourtant, et pourtant ! À quelqu'un qui pose une question sur la dimension inconnue de ce qui nous attend au moment de la mort, ce ne sont pas ces expériences que je lui relaterai.

Pourquoi ?

Si impressionnantes qu'elles puissent être, ces expériences ne sont visiblement pas vécues par toutes les personnes qui meurent. Alors je ne peux dire avec certitude que le malade qui pose la question sera un de ceux qui vivront ces phénomènes.

Mais je peux cependant lui révéler les promesses du Seigneur, qui elles sont véridiques et seront vécues par tous.

Où les trouver ?

Dans la Bible, surtout. Nous savons ce qui nous attend après la mort beaucoup plus que nous le pensons au premier abord.

Nous savons même par le livre de l'Apocalypse (Ap 4,4) que nous serons vêtus de blanc et que nous aurons une couronne d'or sur la tête ; nous ne souffrirons plus ni de la faim ni de la soif, nous ne verserons plus de larmes non plus. (Ap 7,17)

Par les évangélistes, nous savons aussi qu'il y aura un banquet, un festin et il y aura beaucoup de monde, puisqu'il en viendra de partout. (Lc 13,29) De plus, nous resplendirons comme le soleil. (Mt 13,43)

Cependant, toutes ces caractéristiques de la vie qui nous attend sont un langage symbolique qui réfère à ce que nous connaissons, afin de nous aider à saisir une réalité dont nous n'avons aucune espèce d'idée. Comme c'est au cœur de l'être humain que la Bible parle, elle prend donc un langage à sa portée.

À une femme qui savait qu'elle allait mourir, son amie, se référant littéralement au texte cité plus haut, lui dit en guise de consolation : « Tu auras une couronne d'or sur la tête dans le ciel. (Ap 4,4) » La malade de lui répondre calmement : « Je n'ai jamais été très forte sur les fanfreluches. »

À une mère dont le fils était décédé, une amie lui dit : « Il chantera les louanges du Seigneur pendant toute l'éternité. » (Ap 14,3) La dame de répondre : « Ce n'est tout de même pas un job pour un garçon de vingt ans ! »

La difficulté, c'est que nous n'avons que nos représentations humaines pour nous figurer une réalité qui nous est inconnue. C'est la tâche des exégètes et des théologiens de faire l'interprétation historique et doctrinale d'un texte dont le sens nous est obscur.

Il faut interpréter le véritable sens de ces écrits sacrés, qui est infiniment plus profond et plus parlant pour le cœur que ce que nous pouvons imaginer.

Sans ce travail de remise dans son contexte, dans cinquante ans et peut-être avant, les gens parleront de nous comme étant peut-être un peu violents, ou tout au moins bizarres, puisque nous nous « donnions des coups de téléphone... »

Quelles sont donc ces promesses bibliques qui nous sont faites ?

Rappelons-en quelques-unes :

1. Je suis la résurrection et la vie, dit le Seigneur. Celui qui croit en moi, même s'il meurt vivra. (Jn 11,25)

2. Père je veux que là où je suis, ceux que tu m'as donnés soient eux aussi avec moi et qu'ils contemplent la gloire que tu m'as donnée. (Jn 17,24)

3. Il y a beaucoup de demeures dans la maison de mon Père, sinon vous aurais-je dit que je vais vous préparer une place ? Et quand je serai allé vous préparer une place, je reviendrai vous prendre avec moi, afin que là où je suis, vous soyez, vous aussi. (Jn 14,1-2)

4. Quand le Christ, votre vie, paraîtra, alors vous aussi vous paraîtrez en pleine gloire. (Col 1,2)

5. Il ne faut pas que vous vous désoliez comme les autres qui n'ont pas d'espérance. Puisque nous le croyons, Jésus est mort et ressuscité, de même, ceux qui se sont endormis en Jésus, Dieu les amènera avec lui. (1 Th 4,13ss)

6. Mais dira-t-on, comment les morts ressuscitent-ils ? Avec quels corps ressuscitent-ils ? Insensé ! Ce que tu sèmes, toi, ne reprend vie, s'il ne meurt. (Co 15,35) En un instant, en un clin d'œil, au son de la trompette finale, car elle sonnera la trompette, et les morts ressusciteront incorruptibles et nous, nous serons transformés. (1 Co 15,52)

7. Oui la légère tribulation d'un moment nous prépare, bien au-delà de toute mesure, une masse éternelle de gloire. (2 Co 4,17)

8. J'estime en effet que les souffrances du temps présent ne sont pas à comparer à la gloire qui doit se révéler en nous. (Rm 8,18)

9. Quand le Christ sera manifesté, lui qui est votre vie, alors vous aussi vous serez manifestés avec lui plein de gloire. (Col 3,4)

10. Mes bien-aimés dès à présent nous sommes enfants de Dieu, mais ce que nous serons n'a pas encore été manifesté. Nous savons que, lorsqu'il paraîtra, nous lui serons semblables, puisque nous le verrons tel qu'il est. (1 Jn 3,2)

11. Aujourd'hui tu seras avec moi dans le paradis. (Lc 23,43)

Je considère être comme de la « petite bière d'épinette » tous ces phénomènes mystérieux, étranges et paranormaux vécus par certains malades à l'article de la mort, même s'ils sont consolants et apaisants.

C'est si peu de choses, en comparaison du secret que nous pouvons leur révéler : « Tu t'en vas vers la Vie sans fin auprès de l'Amour qui se prépare à t'accueillir dans ses bras ! Et tu ressusciteras, avec ton corps transformé, glorieux ! »

Comme je souhaite que quelqu'un près de moi me le rappelle lorsque ce sera mon tour !

Il est si souvent question de « gloire » dans ces citations de la Bible qu'il vaut la peine de s'y arrêter un peu afin d'en comprendre la signification, toujours par rapport à notre mesure humaine. Peut-être saisirons-nous mieux un reflet de ce à quoi nous sommes destinés.

« La gloire au sens biblique désigne la manifestation visible de la sainteté et de la splendeur divine, en tant que manifestée et communiquée. […] Elle sera une caractéristique de la communauté nouvelle, sainte et purifiée. […] Ils [les humains] en sont dès à présent revêtus, dans la mesure où ils sont transformés à l'image du Christ, en attendant la glorification totale de la Parousie : la fin des temps. (Rm 3,23 note v, TOB)

Vers le Centre de son être

Pour que ces promesses divines aient un impact sur notre vie, il s'agit maintenant de s'approprier pour soi les passages de l'Écriture cités plus haut.

Comment faire ?

Faisons d'abord le choix d'UNE promesse, parmi les onze citées ci-haut. Celle qui nous parle le plus au cœur, celle qui nous touche, et peut-être nous ravit le plus ou nous émeut le plus. Celle que nous aimerions voir se réaliser pour soi et nous donne une plus grande paix. Saint Ignace de Loyola dit que c'est à celle-là qu'il faut s'arrêter, la goûter intérieurement, car elle est pour moi à ce moment-ci de mon cheminement.

Supposons que nous ayons choisi la deuxième.

Il y a trois manières de considérer maintenant la promesse de mon choix :

1. Au niveau cérébral ou discursif (réflexion)

Je réfléchis et je comprends ce que je lis, j'ai des notions claires sur ce qui est dit. J'approfondis le texte. Je trouve beau le bonheur qui est promis aux humains.

2. Au niveau affectif, cordial (cœur)

Tout à coup, sans savoir tout à fait comment, je passe à un autre niveau de conscience. Il m'apparaît soudain que c'est moi qui suis concerné par ces paroles, c'est comme si elles m'étaient adressées personnellement :

Jésus prie son Père en disant : « Je veux que là où je suis, Carole, Jacques (remplacez par votre prénom) soit aussi avec moi et qu'elle, qu'il contemple la gloire que tu m'as donnée. »

Qu'est-ce qui se passe quand vous réalisez que c'est de vous dont Jésus parlait en s'adressant à son Père ?

Qu'est-ce que cela vous fait ?

Le sens des mots a-t-il une portée plus profonde ?

Vous venez de passer au niveau *affectif.* C'est la prise de conscience de l'amour de Dieu manifesté en vous. La prise de conscience de ce que Dieu fait en vous.

La dimension spirituelle s'exprime parfois par le corps, mais elle n'est jamais localisable ni repérable dans un espace bien précis du corps, dans telle parole, tel regard.

Par exemple, quelqu'un peut être touché spirituellement de telle manière qu'il en est submergé par les larmes. À l'inverse, une douleur physique intense peut plonger quelqu'un dans la révolte au point de suspendre tout signe extérieur de vie spirituelle.

Peut-être n'avez-vous aucun sentiment même en mettant votre nom dans le texte. Vous êtes au niveau *affectif*, même si vous *croyez* mais ne *sentez* pas que c'est à vous que cette prière de Jésus est adressée.

Autrement, il faudrait toujours avoir « le cœur chaud » pour vivre sa vie spirituelle et s'intérioriser.

Habituellement, les consolations sensibles sont très fréquentes chez ceux qui commencent à s'intéresser à la vie spirituelle. Ces consolations deviennent de plus en plus espacées et disparaissent souvent à mesure que s'approfondit la vie intérieure.

C'est une source d'inquiétude et parfois de tentation de « tout laisser tomber » chez les fervents spirituels non avertis.

Un homme qui vivait cette phase disait : « Moi et le King (c'était le nom familier qu'il donnait à Jésus) nous étions comme ça avant (en faisant le geste avec ses deux doigts croisés); maintenant, je ne sais pas ce qui s'est passé. Ce que j'ai fait ? Mais plus rien ! »

3. Au niveau contemplatif ou le silence intuitif

Doucement, imperceptiblement, il se peut que ce ne soit plus qu'un mot du texte qui vous habite et envahisse tout votre être. Vous restez sans rien faire, comme subjugué par l'immensité de ce que ce mot devient pour vous. Un peu comme lorsque l'on dit devant quelque chose qui nous dépasse : « J'étais sans mots. » On appelle aussi cette dernière phase l'oraison de simplicité, ou la prière de simple regard. Ce n'est plus vous qui agissez, c'est le Seigneur en vous qui se révèle. C'est l'amour silencieux, réciproque.

Cette manière d'aller au fond de soi n'est pas nécessairement pour les chrétiens; on peut la faire en méditation thérapeutique ou pour atteindre le *satori* chez les bouddhistes, par exemple.

Des effets peuvent même être observés dans notre corps, pendant cet état de méditation.

Un savant allemand, Hans Berger, a découvert, au début du vingtième siècle, les ondes cérébrales et leur rapport avec les différents états de conscience.

Effets physiologiques de méditation profonde

1. Profonde relaxation jointe à un état d'éveil psychique : présence d'ondes alpha.

2. Le coefficient métabolique a tendance à baisser, ainsi que les rythmes cardiaque et respiratoire : l'opposé de celui provoqué par la colère et la peur.

3. Des chercheurs américains, Wallace et Benson, ont fait ces constatations sur des personnes en état de méditation :

   la tension artérielle baisse légèrement ;

   le rythme cardiaque baisse en moyenne d'au moins cinq battements par minute ;

   les ondes bêta et alpha apparaissent et

   les ondes thêta et delta diminuent, ce qui prouve qu'il ne s'agit pas d'un état de somnolence.

4. Quelques modifications sont aussi observées dans le relevé électro-encéphalographique.

Ondes alpha et thêta

État d'esprit éveillé mais détendu. Se retrouve dans les états de relaxation et de méditation : elles amènent le bien-être et le calme.

Ondes bêta

État d'esprit rapide, apparaît dans la réflexion et dans l'agitation mentale.

Ondes delta

Elles apparaissent dans le sommeil. Elles sont associées à la maladie, à l'approche de la mort, à la dégénérescence.

5. Le pourcentage de lactose dans le sang, un sucre décomposable en glucose et en galactose, diminue sensiblement durant la contemplation, près de quatre fois plus vite qu'il ne le fait chez quelqu'un qui se repose calmement allongé dans la tranquillité et la sécurité.

6. Pendant la méditation, la résistance de la peau augmente parfois de 400 % : la résistance de la peau à un faible courant électrique est connue comme étant liée de très près, chez tous les individus, à la présence de tension et d'anxiété.

7. Pourquoi notre corps répond-il de cette façon durant la prière ?

Un facteur semble lié à l'aspect fondamental de la concentration : *la concentration sur une seule chose à la fois.*

Source : Dre Laurence La Shan, thérapeute.

Vous aurez sans doute compris que la contemplation ne tient pas seulement à certains types d'ondes cérébrales... Il y a tout un ensemble de motivations, de grâces et de foi qui sont au-delà de tout ce que la science peut observer.

Les lumières et les forces reçues durant ce temps de descente vers le Centre de son être sont pour le malade un temps d'unification de soi-même et de grande paix.

C'est à la portée de tous, au milieu même des épreuves, de la maladie, de la tristesse et des peurs. Ouvrir son cœur avec confiance est la seule condition requise.

Au cœur de mon souffle

Partout et en tout, la respiration est le signe de la vie. Dans pratiquement tous les domaines, il en est question. À un point tel que nous considérons comme allant de soi de respirer : c'est un acte mécanique, on n'y pense pas.

Mais Graf Dürckheim, lui, attire notre attention à savoir que « en ce moment même, à chaque respiration, il nous arrive quelque chose. »

Quel est « ce quelque chose » ?

La vie nous est redonnée à chaque respiration.

C'est un grand moment qui peut être spirituel si nous le voulons, un instant marquant qui nous arrive !

Nous pourrions illustrer ce phénomène ainsi :

« Lâcher prise au début de l'expiration »

« Se donner et descendre au cours de l'expiration »

« S'abandonner à la fin de l'expiration »

Ce moment d'arrêt, si court soit-il avant la prochaine inspiration, est le sommet de la détente. Donc ouverture maximale.

C'est à cet instant-là que se passe, le plus souvent sans que nous y prêtions attention, « la grande intimité de l'alliance de l'éternité et du temps ». Le moment où le créé et l'incréé se touchent.

Qu'arriverait-il, si l'instant d'après il n'y avait pas cette fois-là une nouvelle inspiration ?

C'est pourtant ce qui va tous nous arriver un jour : il n'y aura pas de nouvelle inspiration. Comme il y a eu pour tous, au moment de la naissance une première inspiration, il y en aura une dernière.

Prendre conscience qu'à chaque nouvelle inspiration, c'est le don de la vie qui nous est redonné sans cesse...

Jour après jour, année après année.

« C'est une visitation mystérieuse, l'haleine divine qui me remplit de sa présence. »

Les mourants et les personnes qui les assistent sont très sensibles à cette prise de conscience. Offrir cet instant de vie en pleine lucidité est un acte d'amour total.

Mourir en chrétien

Une infirmière, travaillant de nuit au département de l'urgence d'un petit hôpital situé sur une île, s'interrogeait sur ce qu'elle pouvait faire en tant que chrétienne pour accompagner les malades dans leur passage vers l'Au-delà.

Le traversier s'arrêtant en soirée, — un pont a été construit depuis — il était hors de question de faire appel aux différents ministres du culte.

Des secours spirituels sont mis à notre disposition en tant que laïcs.

Au deuxième chapitre, j'ai parlé des sacrements, ici je parle des sacramentaux.

Qu'est-ce au juste ?

Les sacramentaux sont des bénédictions faites sur des personnes ou des objets afin de nous rappeler la présence de Dieu. Ils comportent toujours une prière accompagnée d'un signe déterminé.

Les sacramentaux sont aussi des manifestations de nos croyances qui font plus appel au cœur qu'à la raison, en nous préparant à entrer en contact avec une dimension spirituelle.

Un homme soulignait à quelqu'un, qui avait des coutumes différentes des nôtres, l'absurdité de déposer de la nourriture dans le cercueil du défunt, en lui demandant : « Quand croyez-vous qu'il viendra manger la nourriture que vous lui apportez ? » L'autochtone de répondre : « En même temps qu'il viendra sentir vos fleurs. »

Bien sûr, il faut adapter ces rites à l'évolution spirituelle du mourant et à son désir personnel.

J'expliquerai maintenant un exemple de sacramental ; ensuite, je suggérerai un autre moyen d'accompagnement, celui de la Parole biblique.

L'eau bénite ou la bénédiction

Que veut dire bénir ?

Ce mot vient du latin *benedicere* qui signifie : dire du bien de quelqu'un, prodiguer au malade tout le bien imaginable pouvant venir de Dieu. La bénédiction marque physiquement autrui de l'amour de Dieu, le grave dans son corps ; c'est pourquoi il faut toucher la personne. (Anselm Grün, *L'onction des malades*, p. 33) Nous avons tous besoin d'entendre de belles choses à notre sujet, surtout au moment de quitter ce monde.

Offrir une bénédiction, c'est plus qu'une parole de louange soulignant nos qualités, c'est dire à l'autre qu'il est le bien-aimé de Dieu. La bénédiction crée cet état et réalise ce que nous souhaitons pour l'autre. Cela permet d'entendre, d'une manière nouvelle, que nous allons vers un Dieu tout amour qui ne nous laisse jamais seul.

Être béni et bénir l'autre est un geste porteur d'une grande consolation. Tracer une petite croix avec de l'eau bénite sur le front accompagnée d'une prière, d'un souhait comme par exemple : « Que le Seigneur vous garde et vous bénisse, allez en paix » ou « Rappelle-toi toujours que tu es aimé d'un amour infini... »

J'ai compris l'importance de bénir et d'être béni par expérience !

Dans les premiers temps qui ont suivi l'ouverture de Vallée des Roseaux, j'allais visiter les malades avant la nuit et les bénir. Les malades réclamaient eux-mêmes cette bénédiction, accompagnée de paroles personnalisées à chacun, dont le contexte de vie m'était connu.

Quelquefois, selon les situations de chacun, je bénis encore ceux que j'accompagne.

Pourquoi ce geste ?

Parce que j'ai moi-même vécu, dans des moments importants de ma vie, l'expérience d'être bénie. J'ai alors compris la valeur profonde d'une véritable bénédiction. C'est plus qu'un sentiment ; c'est l'expression visible, un rappel de la bénédiction qui repose sur nous de toute éternité : « Tu es mon fils bien-aimé, tu es ma fille bien-aimée. »

La Parole biblique

Lire la Parole de Dieu auprès d'un malade est thérapeutique, parce que ce n'est pas une parole « ordinaire ». Elle est efficace, elle accomplit ce qu'elle dit : « Vivante, en effet, est la Parole de Dieu, elle pénètre jusqu'au cœur. » (He 4, 12) C'est une puissance qui agit.

C'est une Parole de Vie qui ne reste pas sans effet ; une Parole sûre, autant d'expressions qui soulignent son action dans le cœur des croyants.

Je suis convaincue que la personne malade peut en retirer un immense bienfait au cœur de sa souffrance.

Quoi lire ?

Les récits de guérison des malades au temps de Jésus, ainsi que certains psaumes.

Parce qu'on y voit la compassion de Jésus qui se fait proche, qui fait appel à leur confiance en lui, qui guérit le mal intérieur, celui qui mine l'être humain dans sa dignité, le rend aveugle sur sa destinée, l'asservit aux autres.

La Parole de Dieu, qui entre par les oreilles, parvient jusqu'au fond du cœur lorsque la grâce de Dieu le touche intérieurement.

Conclusion

Se centrer sur son identité fondamentale et sur le sens de sa vie ne se fait habituellement pas au moyen de pilules et de pansements.

Mais en y réfléchissant de plus près, peut-être bien que oui ?

Saint François d'Assise se promenant avec un compagnon, lui posa une question : « Tancrède, sais-tu ce que c'est qu'évangéliser un homme ? »

Tancrède ne le savait pas, car François reprit :

Vois-tu Tancrède, évangéliser un homme, c'est lui dire qu'il est aimé de Dieu ; et pas seulement lui dire, mais se comporter avec cet homme de manière qu'il sente et découvre qu'il y a en lui quelque chose de sauvé, quelque chose de plus grand et de plus noble que ce qu'il pensait ! Qu'il s'éveille ainsi à une nouvelle conscience de soi. Trop de souffrance et d'atrocités leur cachent le visage de Dieu, c'est notre amitié qu'ils attendent. (Éloi Leclerc, *Sagesse d'un pauvre*, p. 139)

Dans ce cas, donner des médicaments et panser des plaies pourrait être un de ces lieux où se trouve l'Évangile en actes, à condition d'y donner le même sens que saint François.

Il y a une tradition ancienne en Provence, qui consiste à orner les crèches de Noël de santons, des figurines d'argile appelées « petits saints ». L'un d'eux, nommé le *Ravi,* est un des premiers à être présent dans les crèches.

On dit que les santons ont une âme, que leur argile est devenue parole en nous indiquant joyeusement l'avenir. Le *Ravi* est représenté debout, les deux bras levés, dans un geste d'émerveillement et d'orant.

Mon souhait serait qu'après la lecture de ce livre, vous deveniez des « Ravis » pour toujours.

Mais les sondages montrent qu'un peu partout dans le monde, beaucoup de gens affirment qu'il n'y a rien après la mort et disent que devant la perspective de leur fin sur terre, ils songent surtout à profiter au maximum de la vie.

Devant ces statistiques, je relis lentement un passage du livre de la Sagesse :

Ceux-ci toutefois ne méritent qu'un blâme léger ; peut-être en effet ne s'égarent-ils qu'en cherchant Dieu : vivant parmi ses œuvres, ils s'efforcent de les pénétreret se laissent prendre aux appa- rences, tant ce qu'ils voient est beau ! (Sg 13,1-9)

Références bibliographiques

AMPHOUX, Louise et Jacques BONNADIER. *L'âme des santons*, Éditions Jeanne Laffitte, Marseille, 1982, 15 p.

AUCLAIR, Marcelle. *La vie de sainte Thérèse d'Avila*, Seuil, Paris, 1960, 501 p.

BEUMER, Jurjen. *Henri Nouwen, sa vie et sa spiritualité*, Éditions Bellarmin, Montréal, 1999, 220 p.

DELBREL, Madeleine. *Indivisible amour*, pensées détachées et inédites, Éditions du Centurion, 1991, 140 p.

DESBIENS, frère Jean-Paul. *La vie des communautés religieuses*, « Le rapport Proulx : laïcité et religions à l'école », vol. 58, n° 1, janvier-février 2000, 64 p.

DRIOT, Marcel. *Devenir prière, une vie d'ermite*, Éditions Nouvelle cité, Paris, 1984, 182 p.

DUBOIS, Bernard. *Le Chemin*, « Guérir sous le regard du Christ », n° 33, hiver 1996, p. 60-75.

DUFOUR, Xavier-Léon (dir.). *Vocabulaire de théologie biblique*, 4e édition, Édition du Cerf, Paris, 1977, 1404 p.

DÜRCKHEIM KARLFRIED, Graf. *Le Chemin*, « Dieu au cœur de mon souffle », n° 22, printemps 1994, p. 76-80.

GIRARD, Yves. *Lève-toi, resplendis !*, Anne Sigier, Lac-Beauport, 1983, 334 p.

GOETTMANN, Alphonse. *Le Chemin*, « Guérir par la puissance du pardon », n° 28, automne 1995, p. 2-14.

GORAÏNOFF, Irina. *Séraphim de Sarov, entretien avec Motovilov et instructions spirituelles* (traduit du russe), Desclée De Brouwer, Abbaye de Bellefontaine, Paris, 1995, 226 p.

G ratuit
G pour toi

GRÜN, Anselm. *L'onction des malades*, Médiaspaul, Paris, 2003, 54 p.

GRÜN, Anselm. *Se pardonner à soi-même*, Desclée de Brouwer, Paris, 2003, 132 p.

JOHNSTON, William. *Musique du silence, recherche scientifique et méditation*, Édition du Cerf, Paris, 1978, 263 p.

KEATING, Thomas. *Prier dans le secret, la dimension contemplative de l'Évangile*, Édition La Table Ronde, Paris, 2000, 220 p.

LAPOINTE, Guy. *Prêtre et pasteur*, « Le viatique : une célébration à retrouver », novembre 1983, p. 600-608.

LECLERC, Éloi. *Sagesse d'un pauvre*, Éditions franciscaines, Paris, 1959, 140 p.

MERTON, Thomas. *Direction spirituelle et méditation*, Albin Michel, Paris, 1962, 129 p.

MONBOURQUETTE, Jean. *Comment pardonner ?* Éditions Novalis/Centurion, Québec, 1994, 245 p.

OLIVIER, Franck. *Feu et lumière*, « Raconte-moi une histoire », n° 191, janvier 2001, p. 52-58.

RAGUIN, Yves. *L'attention au mystère, une entrée dans la vie spirituelle*, Desclée de Brouwer, Bellarmin, Paris, 1979, 183 p.

ROPS, Daniel (dir.). *Saint Augustin, Confessions*, Édition Pierre Horay et cie, collection « Le livre de poche chrétien », France, 1947, 434 p.

SAINT-JOSEPH, r.p. Grégoire. *Œuvres complètes, sainte Thérèse de Jésus*, Seuil, Paris, 1949, 1645 p.

SAINT-JOSEPH, r.p. Grégoire. *Œuvres spirituelles, saint Jean de la Croix* (traduction), carme déchaussé, Seuil, Paris, 1929, 1304 p.